LA PARESSE.

LA LUXURE
ET
LA PARESSE

PAR

EUGÈNE SUE.

LE COUSIN MICHEL.

IV

PARIS
ALEXANDRE CADOT, ÉDITEUR.
32, RUE DE LA HARPE.

1849

Ouvrages du Marquis de Foudras.

EN VENTE.

JACQUES DE BRANCION.
5 vol. in-8.

Les Gentilshommes chasseurs.	2 vol.
Les Viveurs d'autrefois.	4 vol.
Les Chevaliers du Lansquenet	10 vol.
Lord Algernon	4 vol.
Madame de Miremont	2 vol.
Lilia la Tyrolienne.	4 vol.
Tristan de Beauregard.	4 vol.
Suzanne d'Estouville.	4 vol.
La comtesse Alvinzi	2 vol.

Sous presse.

Dames de cœur et Dames de pique.
Un Caprice de grande dame.
Le dernier des Roués.
Un Drame en famille.
Un Capitaine de Beauvoisis.
Les Veillées de la Saint Hubert.

Ouvrages de A. de Gondrecourt.

EN VENTE.

Les Péchés mignons	5 vol.
Médine.	2 vol.
La Marquise de Candeuil.	2 vol.
Un Ami diabolique	5 vol.
Les derniers Kerven.	2 vol.

Sous presse.

La Chasse aux diamants.
Le Bout de l'oreille.

Ouvrage d'Alexandre Dumas.

LA COMTESSE DE SALISBURY.
6 volumes in-8.

On vend séparément les derniers volumes pour compléter la première édition.

E. Dépée, imprimeur à Sceaux.

LA LUXURE
ET
LA PARESSE

PAR

EUGÈNE SUE.

LE COUSIN MICHEL.

IV

PARIS
ALEXANDRE CADOT, ÉDITEUR,
32, RUE DE LA HARPE.

1849

VIII

VIII

Pendant que cette locataire en *expectative* commençait son ascension, sur les pas du portier, une autre scène, assez curieuse, se passait dans la maison mitoyenne, dont le rez-de-chaussée était occupé par un café.

Ce café assez peu fréquenté d'ailleurs, ne

possédait, à ce moment, qu'un seul consommateur, assis devant une table, sur laquelle étaient une carafe d'eau, du sucre et un verre d'absinthe.

Ce personnage, qui venait d'entrer depuis quelques instants à peine, était un homme de trente ans au plus, maigre, nerveux, au teint hâlé, aux traits fortement accentués... au geste prompt ; il prit plusieurs journaux, les uns après les autres, il eut l'air de les parcourir, en fumant son cigarre ; mais évidemment sa pensée n'était pas à ce qu'il lisait, si toutefois même il lisait ; il semblait en proie à une tristesse profonde, mêlée, çà et là, de sourdes irritations, qui se manifestaient par la brusquerie de ses mouvements ; ce fut ainsi qu'il rejeta violemment, sur la table de marbre, le dernier journal, qu'il venait de parcourir.

Après un moment de réflexion, il appela le garçon d'une voix brève et dure :

Le garçon, homme à cheveux gris, accourut.

— Garçon !... versez-moi un verre d'absinthe, — dit l'homme au cigarre.

— Mais, Monsieur... votre verre est encore plein.

— C'est juste. — Et notre homme vida son verre que le garçon remplit de nouveau.

— Dites-moi, — reprit l'homme au cigarre, — ce café dépend de la maison numéro 59, n'est-ce pas?

— Oui, Monsieur.

— Voulez-vous gagner cent sous? — lui dit l'homme au cigarre.

Et comme le garçon le regardait, tout ébahi, il reprit :

— Je vous demande si vous voulez gagner cent sous?

— Moi... Monsieur... mais...

— Voulez-vous, oui ou non ?

— Je le veux bien, Monsieur, que faut-il faire ?

— Parler.

— Parler de quoi, Monsieur ?

— Répondre à quelques questions.

— C'est bien facile... si je sais...

— Êtes-vous dans ce café depuis longtemps ?

— Oh!... depuis sa fondation, Monsieur... depuis dix ans.

— Vous habitez cette maison?

—Oui, Monsieur... je couche au cinquième.

— Vous connaissez tous les locataires?

—De nom... et de vue, oui, Monsieur, mais voilà tout... Je suis seul garçon ici... et je n'ai guère le temps de voisiner.

Après un moment d'hésitation pénible, pendant lequel les traits de l'homme au cigarre exprimèrent une douloureuse angoisse, il dit au garçon, d'une voix légèrement altérée :

— Qui habite le quatrième ?

— Une dame, Monsieur.

— Une dame... seule ?

Et son angoisse parut redoubler en attendant la réponse du garçon.

— Oui, Monsieur, — reprit celui-ci, — une dame seule...

— Veuve ?

— Pour cela, Monsieur, je l'ignore ; elle s'appelle madame Luceval ; voilà tout ce que je peux vous dire.

— Vous sentez bien, mon cher, que si je vous promets cent sous... c'est pour que vous me disiez quelque chose...

— Dam, Monsieur, on dit ce que l'on sait.

— Bien entendu. Voyons, franchement, que pense-t-on dans la maison de cette dame? Comment l'appelez-vous?

Évidemment le consommateur faisait cette question pour dissimuler le léger tremblement de sa voix, et prendre le temps de vaincre son émotion croissante.

— Cette dame, je vous l'ai dit, Monsieur, se nomme madame Luceval... et il faudrait être bien malin pour jaser sur son compte... car on ne la voit jamais...

— Comment?

— Dam... Monsieur, il n'est jamais plus de trois heures et demie ou quatre heures du matin lorsqu'elle sort de chez elle... été comme hiver; et moi qui ne me couche pas avant minuit, je l'entends toujours rentrer après moi...

— Allons donc! c'est impossible... — s'écria l'homme au cigarre avec autant de stupeur que la femme en deuil en avait manifesté, en apprenant les habitudes incroyablement matinales de M. Michel Renaud.

— Comment! — reprit-il, — cette dame sort ainsi tous les matins avant quatre heures?

— Oui, Monsieur, je l'entends fermer la porte...

— C'est à n'y pas croire, — se dit l'homme au cigarre.

Et, en suite d'un moment de réflexion, il reprit :

— Et que peut faire cette femme ainsi toujours hors de chez elle?

— Je l'ignore, Monsieur.

— Mais que pense-t-on de cela dans la maison?

— Rien, Monsieur.

— Comment rien! on trouve cela tout naturel?

— Dans les premiers temps que madame Luceval a logé ici... voilà bientôt quatre ans, sa manière de vivre a semblé assez drôle, et puis on a fini par ne plus s'en occuper... car, ainsi que je vous l'ai dit, Monsieur, on ne la voit jamais ; ça fait qu'on l'oublie... quoiqu'elle soit jolie à plaisir.

— Allons... si elle est si jolie, mon cher, — dit l'homme au cigarre avec un sourire sardonique, et comme si les mots lui eussent brûlé les lèvres, — allons... il y a quelque amant? hein?

Et il jeta un sombre et ardent regard sur le garçon, qui répondit :

— J'ai entendu dire que cette dame ne recevait jamais personne, Monsieur.

— Mais le soir... lorsqu'elle revient à une

heure aussi avancée de la nuit... elle ne rentre pas seule, j'imagine ?

— J'ignore, Monsieur, si quelqu'un la conduit jusqu'à la porte... mais ce qu'il y a de certain, c'est qu'il ne court pas, je vous le répète, le plus petit bruit sur son compte...

— Une véritable vertu alors ?

— Dam... Monsieur... ça en a bien l'air, et je suis sûr que toute la maison en jurerait comme moi.

Cette fois encore il y eut une complète analogie entre ce que parut ressentir l'homme au cigarre et la joie qu'avait manifestée la femme en deuil en apprenant par les pudiques dénégations du portier que M. Michel Renaud ne recevait jamais de *demoiselles* : mais les traits de l'interlocuteur du garçon, un moment éclaircis, redevinrent sombres, et il reprit :

— Sait-on au moins quelles sont ses ressources, de quoi elle vit enfin ?

— Encore une chose que j'ignore, Monsieur, quoiqu'il ne soit pas probable qu'elle vive de ses rentes... Eh! eh!... les rentières ne se lèvent pas si matin, surtout par des temps comme aujourd'hui, où il gèle à pierre fendre... et trois heures et demie sonnaient au Luxembourg, lorsque j'ai entendu cette dame sortir ce matin de chez elle.

— C'est étrange... étrange ! c'est à croire que je rêve.

Se dit le personnage ; puis il reprit tout haut :

— Voilà tout ce que vous savez ?

— Voilà tout, Monsieur, et je vous certifie que personne, dans la maison, n'en sait davantage...

L'homme au cigarre resta un moment pensif, puis, après quelques moments de silence, pendant lesquels il but son second verre d'absinthe à petites gorgées, il jeta sur la table une pièce d'or étrangère, et dit au garçon :

— Payez-vous... et gardez cent sous pour vous... ils ne vous ont pas coûté beaucoup à gagner, je l'espère?

— Monsieur, je ne vous les demandais pas... et... si vous...

— Je n'ai qu'une parole... payez-vous, — reprit l'homme au cigarre avec hauteur.

Le garçon alla au comptoir changer la pièce d'or, pendant que le consommateur semblait profondément rêveur. Ayant reçu la monnaie qui lui revenait, il sortit du café.

Au même instant, la jeune femme dont nous avons parlé quittait la maison mitoyenne, et venait en sens inverse de l'homme au cigarre.

Lorsqu'ils passèrent à côté l'un de l'autre leurs regards se rencontrèrent par hasard...

L'homme s'arrêta une seconde, comme si la vue de cette femme lui eût rappelé un vague souvenir; puis, croyant que sa mémoire le trompait, il continua son chemin vers le haut de la rue de Vaugirard, tandis que la jeune femme descendait la même rue.

IX

IX

L'homme au cigarre et la jeune femme en deuil après avoir passé à *contre-bord* l'un de l'autre, comme disent les marins, continuèrent leur chemin chacun de son côté, pendant une dizaine de pas... au bout desquels l'homme au cigarre, semblant revenir à sa première pensée, se retourna pour regarder encore la femme en deuil.

Celle-ci, à ce moment même, se retournait aussi ; mais voyant l'homme qu'elle avait remarqué faire le même mouvement, elle détourna brusquement la tête, et continua sa route d'un pas un peu hâté...

Cependant, alors qu'elle allait traverser la rue pour entrer dans le jardin du Luxembourg, elle ne put s'empêcher de regarder de nouveau derrière elle ; aussi vit-elle de loin... l'homme au cigarre debout à la même place et la suivant des yeux... Assez impatientée d'avoir été pour ainsi dire surprise deux fois en flagrant délit de curiosité, elle rabaissa vivement son voile noir, et, activant encore sa marche, elle entra au Luxembourg.

L'homme au cigarre, après un moment d'hésitation, revint sur ses pas, les précipita, atteignit bientôt la grille et aperçut de loin la jeune femme se diriger du côté de la grande allée de l'Observatoire.

Un de ces instincts singuliers, qui souvent nous avertissent de ce que nous ne pouvons voir, donna à la jeune femme la presque certitude qu'elle était suivie; elle hésita longtemps avant de se résoudre à s'assurer de la chose; elle allait céder à cette tentation, lorsqu'elle entendit derrière elle une marche assez pressée, puis quelqu'un passa à ses côtés...

C'était l'homme au cigarre ; il fit une vingtaine de pas devant lui, puis il revint en ligne directe vers la jeune femme. Celle-ci obliqua subitement à gauche ; son *poursuivant* fit la même manœuvre, s'approcha résolument, et, ôtant son chapeau, il lui dit avec une courtoisie parfaite :

— Madame... je vous demande mille pardons de vous aborder ainsi...

— En effet... Monsieur... je n'ai pas l'honneur de vous connaître.

— Madame... permettez-moi une question...

— En vérité, Monsieur... je ne sais...

— Cette question, Madame... je n'aurais pas à vous l'adresser... si j'étais assez heureux pour que votre voile fût relevé...

— Monsieur...

— De grâce, Madame, ne croyez pas qu'il s'agisse d'une impertinente curiosité... je suis incapable d'un pareil procédé ; mais, tout-à-l'heure, en passant auprès de vous, dans la rue de Vaugirard, il m'a semblé vous avoir déjà rencontrée ; et comme c'était lors d'une circonstance fort extraordinaire...

— Mon Dieu, Monsieur, — reprit la femme en deuil, en interrompant l'étranger, — s'il faut vous l'avouer, j'ai cru aussi...

— M'avoir déjà rencontré ?

— Oui, Monsieur.

— Au Chili ?

— Il y a huit mois environ ?

— A quelques lieues de Valparaiso ?

— A la tombée du jour ?

— Au bord d'un lac encaissé de rochers ?

— Une bande de Bohémiens attaquait une voiture... où vous étiez, Madame.

— L'arrivée d'un convoi de voyageurs montés sur des mulets dont on entendait les sonnettes depuis quelques instants, a fait fuir ces bandits. Ce convoi qui venait de Valparaiso nous croisa.

— A peu près comme je vous ai croisée tout-à-l'heure dans la rue de Vaugirard, Madame, — dit l'homme au cigarre en souriant; — et pour plus de sûreté, un des voyageurs et trois hommes de l'escorte proposèrent aux personnes de la voiture de les accompagner jusqu'au plus prochain village.

— Et ce voyageur... Monsieur... c'était vous. Maintenant, je me le rappelle parfaitement, quoique je n'aie eu le plaisir de vous voir que pendant quelques instants, car la nuit vient vite au Chili...

— Et elle était fort noire lorsque nous sommes arrivés au village de... de Balaméda... si j'ai bon souvenir, Madame...

— Je ne me rappelais pas le nom de ce village... Monsieur ; mais ce dont je me souviens et me souviendrai toujours, c'est de votre extrême obligeance... car, après nous avoir escortés jusqu'au village, vous avez dû rejoindre en toute hâte votre convoi... qui se dirigeait vers le nord... il me semble?

— Oui, Madame...

— Et vous l'avez, je l'espère, Monsieur, rejoint sans accident, sans mauvaise rencontre? Nous avions cette double crainte : les chemins sont affreux à travers ces précipices... et ces Bohémiens pouvaient être restés dans ces rochers.

— J'ai atteint le convoi le plus paisiblement du monde, Madame, il n'en a coûté à ma mule que de hâter un peu sa marche.

— En vérité, Monsieur... avouez qu'il est

fort singulier de renouer dans le jardin du Luxembourg, une connaissance faite au milieu des solitudes du Chili?

— Fort singulier, en effet, Madame... Mais voici qu'il commence à neiger; me permettez-vous de vous offrir mon bras et un abri sous ce parapluie... j'aurai l'honneur de vous conduire, si vous le désirez, jusqu'à la prochaine place de fiacres!

— Je crains, Monsieur, d'abuser de votre complaisance, — reprit la jeune femme en acceptant néanmoins l'offre de l'étranger; — il est dit qu'au Chili comme ici je mettrai toujours votre courtoisie à l'épreuve.

Ce disant, tous deux se dirigèrent, en se tenant par le bras, vers la place de fiacres, située proche de l'une des galeries du théâtre de l'Odéon. Il ne restait qu'une seule voiture ; la jeune femme y monta : son compagnon, par discrétion, semblait hésiter à monter après elle.

— Eh bien ! Monsieur, — lui dit-elle avec affabilité, — qu'attendez-vous ? Il ne se trouve pas d'autres voitures sur cette place... ne profiterez-vous pas de celle-ci ?

— Je n'osais, Madame, vous demander cette faveur, — répondit-il, en montant avec empressement.

Puis il ajouta :

— Quelle adresse vais-je donner au cocher, Madame?

— Veuillez seulement, — reprit la jeune femme avec un léger embarras, — me faire conduire à l'extrémité de la rue de Rivoli, vers la place de la Concorde... J'attendrai sous les arcades que la neige ait cessé ; quelques affaires m'appellent dans ce quartier.

L'ordre donné au cocher, la voiture se dirigea vers la rive droite de la Seine.

— Savez-vous, Monsieur, — reprit la jeune femme, — que je trouve notre rencontre de plus en plus singulière?

— Tout en reconnaissant, Madame, la singularité de cette rencontre, elle me semble encore, je vous l'avoue, plus agréable qu'étrange.

— Allons, Monsieur, entre nous pas de ces galanteries, cela est bon pour les gens qui n'ont rien de mieux à se dire, et je vous avoue que si vous êtes disposé à satisfaire ma curiosité, je ne vous aurai pas adressé la moitié de mes questions lorsqu'arrivera le moment de nous séparer.

— Il ne fallait pas me dire cela, Madame ; vous me rendrez très diffus... dans l'espoir que votre curiosité...

— M'inspirera le désir de vous rencontrer une seconde fois, si vous ne m'avez pas tout dit aujourd'hui, Monsieur? Est-ce là votre pensée?

— Oui, Madame.

La femme en deuil sourit mélancoliquement, et reprit :

— Mais, pour procéder par ordre, qu'alliez-vous faire au nord du Chili ? Je revenais de ces contrées désertes, lorsque je vous ai rencontré il y a huit mois ; et comme je sais que les voyageurs qui se rendent dans ce pays sont fort rares, vous comprendrez et vous excuserez ma question, si toutefois elle vous semble indiscrète...

— Avant de vous répondre, Madame, il faut absolument que je vous dise quelques mots de mon caractère, sans cela vous me prendriez pour un fou.

— Comment cela, Monsieur?

— Je dois donc vous déclarer, Madame, que je suis possédé, dévoré d'un besoin d'activité, de locomotion, qui, depuis quelques années surtout, ne me permet pas de rester un mois dans le même endroit. En un mot, j'ai la passion, la monomanie, la rage des voyages.

— Ah! Monsieur.

— Quoi donc? Madame.

— En vérité, les singularités s'accumulent dans notre rencontre.

— Pourquoi cela?

— Ce besoin invincible d'agitation, de mouvement, cette aversion du repos, j'éprouve cela comme vous, Monsieur, et, comme vous encore, depuis quelques années, j'ai trouvé dans les voyages d'utiles distractions...

Et la jeune femme étouffa un soupir.

— Oh! n'est-ce pas, Madame, que cette vie errante, aventureuse, est une belle et curieuse vie?... N'est-ce pas qu'une fois que l'on a senti son charme, toute autre existence est impossible?

— Oui, vous avez raison, Monsieur, — reprit tristement la jeune femme — au milieu de cette vie active, l'on trouve du moins l'oubli! reste-t-on, au contraire, inactif, si l'on a des souvenirs fâcheux, ils nous assiégent et nous dominent bien plus sûrement : aussi, ai-je le repos en horreur.

— Que dites-vous, Madame? Ainsi que moi, vous auriez horreur de ces existences calmes, mornes, engourdies, qui ressemblent à celle de l'huître sur son banc, ou du colimaçon dans sa carapace?

— Ah! Monsieur, n'est-il pas vrai, le mouvement, l'action, jusqu'au vertige, car le vertige vous enlève à de tristes réalités.

— Tandis que la torpeur, l'immobilité, c'est la mort.

— C'est pis que la mort, Monsieur, car l'on doit avoir conscience de cette espèce de léthargie de l'âme et du corps.

— Et pourtant, Madame, — s'écria le compagnon de la jeune femme, cédant à de secrets sentiments qu'il pouvait à peine contenir, — n'y a-t-il pas des personnes... que dis-je? ce ne sont plus des êtres animés, qui resteraient des mois, des années entières, attachés au même lieu, dans une sorte d'extase contemplative, goûtant ce qu'ils appellent le charme du *far niente*.

— S'il y a de ces gens-là... Monsieur!... — s'écria la femme en deuil, avec une douloureuse vivacité, — de ces gens qu'une incurable indolence cloue pour la vie au même endroit... et qui ont l'audace de vous vanter les béatitudes de leur apathie... misérable apathie qui paralyse toute énergie, toute résolution généreuse... funeste paresse, morale et physique, qui aboutit toujours au plus cruel, au plus impitoyable égoïsme! Oui... oui, Monsieur... il y a de ces gens-là... je ne le sais que trop!

— Vous aussi, Madame...

— Comment ?

— Auriez-vous été aussi à même... de connaître tout ce qu'il y a d'intraitable chez ces caractères, dont la force d'inertie finit par triompher des volontés les plus tenaces ?

Et la femme en deuil et l'étranger se regardèrent un moment avec une sorte de stupeur, tant ils paraissaient frappés de l'étrange coïncidence de leur destinée.

X

X

La jeune femme rompit la première le silence, et dit en soupirant :

— Tenez, Monsieur... laissons ce sujet... il éveille en moi de trop douloureux souvenirs.

— Oui... oui... laissons ce sujet, Madame,

car, moi aussi, j'ai de pénibles souvenirs, et, ces souvenirs, je les fuis comme une honte, comme une lâcheté... car il est honteux, il est lâche de sentir souvent sa pensée occupée de ceux que l'on hait, que l'on méprise!... Ah! Madame... pour votre repos ne connaissez jamais ce mélange de regrets, d'aversion et d'amour, qui rend parfois la vie à jamais misérable.

La jeune femme écoutait son compagnon avec une stupéfaction profonde et croissante : en parlant de lui, il semblait aussi parler d'elle ; mais la réserve qu'elle devait nécessairement apporter dans ses relations avec un inconnu, l'empêchant de correspondre ainsi qu'elle l'aurait pu aux dernières confidences qu'elle venait d'entendre, elle reprit donc, autant pour dissimuler ses propres sentiments que pour tâcher de satisfaire sa curiosité de plus en plus éveillée :

— Vous parlez, Monsieur, d'aversion et d'amour... Comment peut-on aimer ce que l'on hait ?... une contradiction pareille est-elle donc possible ?

— Eh! mon Dieu, Madame, — reprit l'étranger avec amertume, et entraîné malgré lui par le courant de ses pensées, — n'est-ce pas une énigme, un abîme sans fond que le cœur humain ? Depuis que le monde est monde, on a, je crois, parlé de l'attrait inexplicable que les caractères les plus opposés exercent parfois les uns sur les autres... Souvent ce qui est faible cherche ce qui est fort; ce qui est impétueux et violent cherche ce qui est doux et timide. Qui opère ces rapprochements? Est-ce le besoin de contraste? est-ce le charme d'une certaine difficulté à vaincre? On ne sait. Pourquoi ces personnes d'un caractère complètement opposé au nôtre, ont-elles cependant sur nous un empire inexplicable, oh! oui, bien inexplicable, car on les maudit, on les prend en pitié, en dédain... en aversion... et pourtant... l'on ne peut se passer d'elles, ou, si l'on s'en passe... on les regrette au moins autant qu'on les hait... et lorsque l'on se met à rêver l'impossible... tout ce que l'on désirerait au monde serait d'avoir sur elles assez d'influence pour les transformer... pour leur donner nos goûts, nos penchants, qu'on leur reproche si cruellement de ne pas avoir; mais hélas!

ce sont là des rêves... qui ne servent jamais qu'à faire momentanément oublier de trop tristes réalités.

En prononçant ces derniers mots, l'étranger ne put retenir une larme... et resta pensif.

La jeune femme se sentit de plus en plus émue ; elle l'avait été déjà par l'accent douloureux et sincère de son compagnon, pendant qu'il parlait de ces contrastes qui engendrent pour ainsi dire certaines attractions; cette fois encore, l'étranger semblait être l'écho de ses propres pensées à elle... Cette conformité de situation l'intéressait vivement; aussi voulant, sans livrer elle-même son secret, tâcher de pénétrer plus avant dans le secret de l'étranger, elle lui dit :

— J'ai, comme vous, Monsieur, souvent entendu parler de ces contradictions ; elles me paraissent d'autant plus incompréhensibles, que la seule chance de bonheur probable... devrait se trouver dans une complète harmonie de caractère...

Mais soudain, la jeune femme s'arrêta, rougit, regrettant ces paroles qui pouvaient passer (et c'était bien loin de sa pensée) pour une sorte d'avance faite à l'étranger, lui et elle s'étant déjà plusieurs fois exclamés sur l'identité de leurs penchants. Cette crainte fut vaine ; le tour de l'entretien avait jeté le compagnon de la jeune femme dans une préoccupation visible.

A ce moment la voiture s'arrêta devant les dernières arcades de la rue de Rivoli, et le cocher étant venu ouvrir la portière :

— Comment?... dit l'étranger en sortant de sa rêverie, et regardant sa compagne avec surprise, — déjà ?

Puis, faisant signe au cocher de refermer la portière, il dit :

— Madame... excusez-moi... j'ai bien mal profité des derniers instants... de l'entretien que vous avez bien voulu m'accorder... mais, involontairement, j'ai subi l'influence de certains souvenirs... Vous ne me refuserez pas, je l'espère, un dédommagement en me permettant de vous revoir... et d'avoir l'honneur de me présenter chez vous...

— Pour plusieurs raisons, Monsieur, ce que vous me demandez là est impossible...

— Madame... je vous en conjure, ne me refusez pas ; il y a, ce me semble, dans notre destinée, tant de points de contact... j'aurais encore tant de choses à vous dire sur les causes de ce voyage au Chili, que vous avez désiré connaître, notre rencontre est enfin si extraordinaire... que toutes ces raisons vous décideront, je n'en doute pas, à m'accorder la grâce que je sollicite... Je n'oserais pas insister au nom du petit service que j'ai été assez heureux pour vous rendre autrefois, et dont vous voulez bien vous souvenir...

— Je ne suis point ingrate, Monsieur, croyez-le... Je ne vous cache pas que j'aurais grand plaisir à vous revoir... et, pourtant, peut-être, devrai-je renoncer à cet espoir.

— Ah! Madame... que dites-vous?

— Voici ce que je puis vous proposer, Monsieur : nous sommes aujourd'hui lundi...

— Eh bien! Madame...

— Trouvez-vous jeudi... ici... sous ces arcades, à midi...

— J'y serai, Madame... j'y serai...

— Si au bout d'une heure je ne suis pas venue... c'est qu'il sera plus que probable, Monsieur, que nous ne devrons jamais nous revoir.

— Et pourquoi cela, Madame?

— Il m'est impossible de vous en dire davantage, Monsieur... mais, quoi qu'il arrive, soyez du moins persuadé que j'ai été très heureuse de pouvoir vous remercier d'un service dont je me souviendrai toujours.

— Comment ! Madame... il se peut que je ne vous voie plus... je vous quitte, et j'ignore même jusqu'à votre nom...

— Si nous ne devons plus nous rencontrer, Monsieur... à quoi bon savoir mon nom ? si, au contraire, nous nous retrouvons ici jeudi... je vous dirai qui je suis... et, si vous le désirez, nous pourrons continuer des relations commencées si loin d'ici... et renouées par une rencontre bien imprévue.

— Je vous remercie, du moins, Madame, de cet espoir... si incertain qu'il soit ; je n'insisterai pas davantage ;... à jeudi, donc, Madame.

— A jeudi, Monsieur.

Et tous deux se séparèrent.

XI

XI

Le lendemain de l'entrevue des deux voyageurs qui s'étaient rencontrés au Brésil, la scène suivante se passait dans la maison de la rue de Vaugirard, 57, au quatrième étage.

Trois heures trois quarts du matin venaient de sonner dans le lointain.

Un homme jeune et d'une beauté remarquable écrivait à la lueur d'une petite lampe.

Avons-nous besoin de dire que ce personnage était *M. Michel Renaud*, cet excellent, mais silencieux locataire, qui sortait régulièrement de chez lui chaque matin avant quatre heures, et ne rentrait jamais qu'après minuit.

Michel Renaud écrivait donc à la lueur de sa lampe, alignant, sur un de ces gros registres adoptés dans le commerce, une foule de chiffres et d'indications qu'il transcrivait au net, d'après d'autres cahiers assez mal en ordre ; il s'occupait, en un mot, d'écritures de commerce.

Deux ou trois fois cet aride et fastidieux labeur appesantit les yeux et les mains de Michel, mais il surmonta bravement ces velléités de somnolence, ramena la couverture de laine dont il avait enveloppé ses jambes et ses pieds afin de se réchauffer, souffla dans ses doigts raidis par le froid, et reprit son travail; il n'y avait pas de feu dans cette petite chambre; l'atmosphère y était glaciale et les carreaux opaques scintillaient de dessins bizarres formés par la gelée.

Malgré ce qu'il y avait de pénible dans cette occupation accomplie durant une rude nuit d'hiver, la physionomie de Michel exprimait autant de satisfaction que d'heureuse quiétude.

Lorsque le dernier quart de trois heures eut sonné, le jeune homme quitta sa table, puis, la figure affectueuse et souriante comme celle de quelqu'un qui s'apprête à présenter un bonjour amical, il alla vers sa cheminée avec empressement, et, du manche de son couteau de buis, il frappa deux petits coups sur le mur mitoyen qui séparait la maison qu'il habitait de la maison voisine.

Presque aussitôt deux autres coups lui répondirent.

Michel sourit alors avec une expression de satisfaction aussi grande que si on lui eût adressé les paroles du monde les plus agréables... Il s'apprêtait sans doute à y répondre, car déjà il levait le manche de son couteau, lorsqu'un petit coup léger, presque mystérieux, suivi de deux autres plus sonores, arrivèrent à son oreille.

Michel rougit, ses yeux s'animèrent, il semblait éprouver un délicieux sentiment; on eût dit qu'il recevait une faveur aussi douce qu'inattendue, ce fut donc avec l'expression d'une reconnaissance exaltée qu'il répondit par plusieurs battements aussi précipités que les violentes pulsations de son cœur.

Cette *batterie* d'une passion désordonnée se fût sans doute prolongée pendant quelques secondes avec une furie croissante, si elle n'eût été subitement arrêtée net, par un petit coup sec et bref qui retentit de l'autre côté de la muraille, comme une interruption impérative.

Michel obtempéra respectueusement à cet ordre, et suspendit la trop vive manifestation de son allégresse.

Bientôt après, quatre coups bien distincts, lents, prolongés comme le tintement d'une horloge, et accentués comme un signal, venant encore de l'autre côté de la muraille, mirent un terme à ce mystérieux entretien digne des abords d'une loge de francs-maçons.

— Elle a raison, — se dit Michel, — voici bientôt quatre heures...

Et il s'occupa diligemment de ranger ses registres, de tout mettre en ordre avant de sortir de chez lui et de faire, comme on dit : — *son ménage*.

Durant ces préparatifs, nous conduirons le lecteur au quatrième étage de la maison voisine, numéro 59, dans l'appartement de madame de Luceval, séparé, nous l'avons dit, de celui de Michel Renaud par un mur assez épais.

Cette jeune femme, âgée alors de vingt-un

ans passés, était toujours charmante ; mais son embonpoint avait un peu diminué.

Florence s'occupait, ainsi que son voisin, de faire ses préparatifs de départ.

Une lampe à réflecteur, très basse et très ardente, pareille à celle dont se servent les enlumineurs qui travaillent le soir, éclairait une grande table sur laquelle se voyaient pêle-mêle plusieurs belles lithographies à demi-coloriées, des couleurs pour l'aquarelle, étendues sur une palette de faïence, et plus loin, parmi des bandes de tapisserie commencées, des cahiers de papier de musique destinés à la copie de partitions ;

plusieurs de ces cahiers étaient déjà remplis.

La chambre, pauvrement meublée, était de la plus extrême propreté; sur le petit lit, déjà soigneusement fait par Florence, l'on voyait son manteau et son chapeau.

Tout en rangeant allègrement, dans différents casiers, ses aquarelles coloriées, ses copies de musique et ses tapisseries, la jeune femme soufflait vaillamment dans ses jolis doigts rosés par le froid qui régnait avec autant d'intensité dans cet appartement que dans celui du voisin ; car, dans cette chambre, il n'y avait pas non plus de feu.

Notre paresseuse devait trouver un grand changement entre sa vie présente et sa vie passée, lorsqu'elle se rappelait le comfort et le luxe de l'hôtel de Luceval, si favorable au développement de cette indolence dont elle faisait ses délices.

Et pourtant, Florence semblait aussi heureuse que, lorsque plongée dans un moelleux fauteuil, les pieds sur le velours, elle jouissait de son cher *far-niente*, regardant nonchalamment, après avoir dormi sa grasse matinée, le soleil jouer dans le feuillage de son riant jardin, ou écoutant le murmure de la cascade mêlé au gazouillement des oiseaux.

Oui, cette frileuse, cette dormeuse, qui

autrefois, passait des matinées entières à se doreloter, à se pelotonner comme une caille dans son nid, sous la tiède et pénétrante chaleur de l'édredon, ou à se chauffer à la braise ardente de son foyer, en entendant *le grésil tinter sur la vitre sonore*, ainsi que dit le grand poète... qu'elle lisait au fond d'un somptueux appartement ; oui, cette indolente, qui regardait comme une fatigue de sortir dans une élégante voiture doucement suspendue, notre *paresseuse*, en un mot, ne paraissait pas le moins du monde regretter ses splendeurs évanouies : ce fut, au contraire, en fredonnant gaîment qu'elle visita les ressorts de ses petits *socques*, et qu'elle tira de son fourreau un léger parapluie, prête à braver neige, bise et froidure.

Ces derniers préparatifs de départ terminés, Florence jeta un coup-d'œil sur la glace de sa cheminée, passa le plat de sa main sur ses épais bandeaux de cheveux blonds, aussi luisants, aussi lustrés, malgré cette toilette matinale, que si une femme de chambre eût passé une heure à la coiffure de la jeune femme, puis... il faut avouer cette faiblesse, madame de Luceval étendit, et, comme on dit vulgairement, *détira* ses deux bras, en renversant un peu son buste en arrière, et laissant tomber avec langueur sa tête charmante sur son épaule gauche.

Alors Florence poussa un petit gémissement, plein de douceur et de câlinerie, qui semblait dire :

— Ah! qu'il me serait doux de rester dans un bon lit, bien chaud, au lieu de sortir à quatre heures du matin, par ce vilain froid noir!

Il est impossible de peindre la grâce indolente de ce mouvement, et la gentille petite moue, qui, étouffant un léger bâillement, renfla pendant un instant les lèvres vermeilles de cette jolie créature.

Mais bientôt, se reprochant sans doute ce paresseux regret et ce trop grand attachement à son réduit, bien froid cependant, Florence mit à la hâte son chapeau, s'enveloppa de son manteau, attacha ses socques à ses petits pieds, prit bravement son parapluie, alluma un modeste *rat-de-cave*, éteignit sa lampe, et, légère... descendit rapidement ses quatre étages.

A ce moment, quatre heures du matin sonnaient au Luxembourg.

— Mon Dieu!... déjà quatre heures, — murmura la jeune femme en arrivant au bas de l'escalier; puis, de sa voix douce et fraîche, elle dit :

— Le cordon ! s'il vous plaît.

Et bientôt elle referma sur elle la porte de sa maison.

L'on touchait à la fin de décembre.

La nuit était très noire.

Une brise glaciale soufflait dans la rue déserte, faiblement éclairée çà et là par les lanternes du gaz.

Lorsque madame de Luceval fut sortie, elle toussa légèrement et en manière de signal.

Un *hum... hum...* plus mâle lui répondit.

Mais la nuit était si profonde, que c'est à peine si Florence put apercevoir Michel qui, sorti de chez lui depuis quelques instants, et posté de l'autre côté de la rue, venait de répondre ainsi à l'appel de sa *voisine*.

Alors tous deux, sans s'être adressé une parole, commencèrent de marcher parallèlement l'un à l'autre.

Celui-ci sur le trottoir de gauche.

Celle-là sur le trottoir de droite.

Une demi-heure avant que Michel Renaud eut quitté sa demeure, un fiacre s'était arrêté à peu de distance du numéro 57.

Une femme, enveloppée d'une pelisse,

était dans cette voiture, et avait dit au cocher :

— Lorsque vous verrez un monsieur sortir de cette maison, vous le suivrez au pas jusqu'à ce que je vous dise de vous arrêter...

Le cocher ayant, grâce à la clarté de ses lanternes, vu Michel sortir et bientôt prendre le trottoir, le suivit en se maintenant au milieu de la chaussée au pas de son cheval.

La femme restée dans la voiture qui cheminait lentement, ne quittait pas Michel du regard, et ainsi toujours occupée de ce qui se passait sur le trottoir de gauche, elle n'avait pu encore apercevoir sur le trottoir de droite madame de Luceval.

Celle-ci venait à peine de fermer la porte de sa maison, lorsqu'un homme enveloppé d'un vaste manteau, hâtant le pas comme quelqu'un qui craint de se trouver en retard, arriva rapidement par le haut de la rue de Vaugirard.

Cet homme n'avait donc pu ni entendre le signal échangé entre Florence et Michel, ni apercevoir celui-ci, caché qu'il était par le fiacre qui cheminait lentement au milieu de la chaussée.

L'homme au manteau commença donc

de suivre, pas à pas, madame de Luceval, de même que la femme restée dans la voiture ne quittait pas Michel du regard.

XII

XII

Michel et Florence, occupés l'un de l'autre, quoique séparés par la largeur de la chaussée, ne prêtèrent aucune attention à ce fiacre, qui cheminait lentement dans une direction semblable à la leur, rien n'étant plus commun que de voir, à cette heure matinale, des fiacres regagner au pas leur domicile.

Au moment où les deux *voisins*, toujours suivis à leur insu, entraient dans la rue de Tournon, l'angle de cette rue était obstrué par un embarras de ces charrettes de maraîchers qui, entrant par toutes les barrières, se rendent de grand matin à la halle.

La femme, tapie dans le fiacre, le voyant s'arrrêter devant cet encombrement, craignit de perdre de vue la personne qu'elle suivait, dit au cocher de lui ouvrir la portière, le paya, descendit, et, hâtant le pas, se remit sur les traces de Michel; mais, en arrivant vers le milieu de la rue de Tournon, elle remarqua pour la première fois l'homme au manteau qui marchait à peu près de front avec elle. D'abord elle ne s'inquiéta pas de cet incident; cependant ayant, à la lueur d'une lanterne, vu qu'une femme précédait cet homme de quelques pas, et que cette femme cheminait parallèlement à Michel Renaud, elle commença de trouver ceci fort singulier ; dès-lors son attention se partagea malgré elle entre Michel, madame de Luceval et l'homme qui marchait à quelque distance de celle-ci.

Michel et Florence, bien encoqueluchonnés pour se garantir du froid, celle-ci dans son chapeau et dans son manteau, celui-là dans son paletot et dans un large *cache-nez* de laine qui lui montait presque jusqu'aux yeux, ne s'apercevaient pas encore de ce qui se tramait derrière eux, tâchaient d'échanger un regard lorsqu'ils passaient sous la lueur d'un bec de gaz, et se dirigeaient allègrement vers le carrefour auquel aboutit la rue Dauphine.

L'homme au manteau, tout *encapé* (comme disent les Espagnols) dans les larges plis de son vêtement, et profondément absorbé, remarqua tardivement qu'une femme suivait un homme sur le trottoir opposé à celui où lui-même suivait Florence; il y avait à cette heure trop peu de passants, pour qu'après quelques minutes d'attention, il pût se méprendre sur la manœuvre de la femme à la pelisse; mais combien il fut surpris, lorsque l'ayant entrevue à la clarté d'un magasin de liquoriste matinalement ouvert, il crut reconnaître, à sa taille élevée, à sa démarche légère et à son chapeau de deuil, la femme que la veille il avait reconduite en fiacre rue de Rivoli ; car l'on a sans doute déjà nommé les deux voyageurs du Chili.

Cette nouvelle rencontre, cette coïncidence dans leur double poursuite, après leur entrevue du jour précédent, était trop extraordinaire, pour ne pas donner à l'homme au manteau le désir d'éclaircir à l'instant ses soupçons ; aussi, sans quitter, pour ainsi dire, Florence du regard, il traversa rapidement la rue, et, s'approchant de la femme à la pelisse :

— Madame... un mot, de grâce !...

— Vous, Monsieur, — s'écria-t-elle, — c'était donc vous ?

Et tous deux restèrent un instant stupéfaits.

L'homme, prenant la parole le premier, s'écria :

— Madame, d'après ce qui se passe... et dans notre intérêt commun, il faut que nous ayons à l'instant une explication sincère.

— Je le crois, Monsieur.

— Eh bien ! Madame... je...

— Rangez-vous... prenez garde à cette charrette, — s'écria la femme à la pelisse, en interrompant son interlocuteur, et lui montrant une voiture de laitière qui s'avançait au grand trot, effleurant le trottoir en dehors duquel l'homme au manteau était resté.

Celui-ci se gara prestement ; mais, pendant ce temps, Florence et Michel, arrivés au carrefour, venaient de disparaître, grâce à l'avance qu'ils avaient prise durant les quelques mots échangés entre leurs deux poursuivants.

La femme à la pelisse, s'apercevant la première de la disparition de Michel, s'écria avec un accent de dépit douloureux :

— Je ne le vois plus ! je l'ai perdu !

Ces mots rappelèrent à l'autre personnage que sa poursuite devait être aussi déçue ; en effet, il se retourna vivement, et ne vit plus Florence.

— Madame, — s'écria-t-il, — marchons vite jusqu'au carrefour... peut-être est-il encore temps de les rejoindre... Venez, prenez mon bras.

— Courons, Monsieur, courons, — dit la jeune femme en s'attachant au bras de son compagnon ; et tous deux s'élancèrent vers le carrefour.

Arrivés à cette place où aboutissent quatre

ou cinq rues étroites et sombres, ils ne trouvèrent personne, et reconnurent combien il serait vain de pousser plus loin leurs recherches.

Après s'être un instant reposés de la précipitation de leur course, nos deux personnages gardèrent un moment le silence, songeant, pour ainsi dire à loisir, au rapprochement singulier de leur destinée :

Puis l'homme au manteau s'écria :

— En vérité, Madame, c'est à se demander si l'on rêve ou si l'on veille...

— Il n'est que trop vrai, Monsieur... je ne

puis croire à ce que je vois, à ce qui se passe...

— Je vous le répète, Madame... il y a dans ce qui nous arrive depuis hier quelque chose de tellement inexplicable, que notre réserve mutuelle ne saurait durer plus longtemps.

— Je le pense comme vous, Monsieur, veuillez me donner votre bras... je suis glacée... l'émotion... la surprise... je ne me sens pas bien... mais en marchant cela se dissipera.

— Où irons-nous, Madame ?

— Peu m'importe, Monsieur, gagnons le Pont-Neuf... les quais.

Et tous deux, descendant la rue Dauphine, eurent en marchant l'entretien suivant:

— Je dois d'abord, Monsieur, — reprit la jeune femme, — vous faire connaître mon nom.... cela est de peu d'intérêt, sans doute, mais enfin il faut que je vous apprenne qui je suis... je m'appelle Valentine d'Infreville... je suis veuve...

— Grand Dieu !... — s'écria l'homme au manteau et s'arrêtant pétrifié, — vous !...

— Que voulez-vous dire ?

— Vous... Madame d'Infreville !

— Pourquoi cet étonnement, Monsieur ? mon nom ne vous est donc pas étranger ?

— Après tout, — reprit l'homme au manteau en sortant de l'espèce d'étourdissement où le jetait cette révélation, — il n'est pas étonnant que je ne vous aie point reconnue, Madame... ni au Chili, ni ici, car, la première fois que je vous ai vue... il y a quatre ans de cela... je n'ai pu distinguer vos traits, que vous cachiez dans vos deux mains... puis l'indignation que je ressentais...

— Que dites-vous, Monsieur... il y a quatre ans, vous m'aviez déjà vue... avant notre rencontre au Chili ?

— Oui, Madame...

— Et où cela ?

— En vérité, maintenant je n'ose vous rappeler...

— Encore une fois, chez qui m'avez-vous vue, Monsieur ?

— Chez ma femme...

— Votre femme ?

— Chez madame de Luceval...

— Comment... vous êtes ?...

— Monsieur de Luceval...

Valentine d'Infreville, à son tour, resta pétrifiée de cette rencontre, qui éveillait en elle de cruels souvenirs; aussi reprit-elle avec accablement :

— Vous dites vrai, Monsieur ; la première et seule fois que nous nous sommes rencontrés... chez madame de Luceval, il a dû vous être aussi impossible de distinguer mes traits, qu'à moi de distinguer les vôtres... Je me cachais le visage, écrasée de honte; et maintenant encore, — ajouta Valentine en baissant la tête, comme pour se soustraire aux regards de M. de Luceval, — bien que des années se soient passées depuis cette funeste soirée... je remercie Dieu... qu'il fasse nuit.

— Croyez-le, Madame, c'est à regret que je vous ai rappelé de si pénibles souvenirs... bien pénibles aussi pour moi... car, entraîné par l'animosité de M. d'Infreville, qui vous accablait... j'ai...

Mais Valentine l'interrompit, et lui dit avec un mélange de curiosité, d'inquiétude et de tendre intérêt :

— Et Florence ?

— C'est elle que je suivais tout à l'heure, — répondit M. de Luceval, d'un air sombre.

— Elle ? comment... cette femme c'était...

— C'était madame de Luceval.

— Mais... pourquoi la suivre ?

— Vous ignorez donc ?...

— Parlez, Monsieur, parlez...

— Nous sommes séparés, séparés de corps et de biens, — répondit M. de Luceval, en étouffant un soupir douloureux, — il l'a fallu...

— Et Florence, où demeure-t-elle ?

— Rue de Vaugirard.

— Ah! mon Dieu! — dit Valentine, en tressaillant, — cela est étrange.

— Qu'avez-vous, Madame?

— Florence demeure rue de Vaugirard, et à quel numéro?

— Au numéro 59.

— Et Michel demeure au numéro 57, s'écria Valentine.

— Michel! — s'écria à son tour M. de Luceval, — Michel Renaud?

— Oui... votre cousin... Il demeure au quatrième, numéro 57. Hier, lorsque je vous ai rencontré... je venais de m'en assurer...

— Et ma femme demeure au même étage que lui ! — dit M. de Luceval.

Puis il ajouta, en sentant le bras de Valentine trembler convulsivement et s'appuyer pesamment sur le sien.

— Mon Dieu ! Madame, qu'avez-vous... ? Vous faiblissez.

— Pardon, Monsieur... le saisissement... le froid... Je ne sais ce que j'éprouve... mais je puis à peine me soutenir, et, je le sens, la tête me tourne.

— Madame... un peu de courage... encore un effort... seulement jusqu'à cette boutique éclairée... là... au coin du quai...

— Je vais tâcher, Monsieur, de me soutenir jusque là, — répondit Valentine d'une voix altérée.

Elle eut en effet la force de se traîner jusqu'à une boutique d'épicier, déjà ouverte; une femme se trouvait au comptoir, elle s'empressa d'accueillir madame d'Infreville, la fit entrer dans l'arrière-boutique où elle lui prodigua tous les soins possibles.

. . . .

Au bout d'une heure, et il faisait alors grand jour, une voiture ayant été mandée à la porte de la boutique, M. de Luceval reconduisit chez elle madame d'Infreville.

XIII

XIII

Madame d'Infreville s'était trouvée si souffrante, si bouleversée, après ces évènements de la nuit, que, hors d'état de mettre quelque suite dans ses idées, elle avait prié M. de Luceval, lorsqu'il l'eut reconduite chez elle, de revenir le soir, vers les huit heures, afin d'avoir avec lui un sérieux entretien.

A huit heures M. de Luceval se rendit chez Valentine, qui demeurait dans un hôtel garni de la Chaussée-d'Antin.

— Comment vous trouvez-vous ce soir, Madame? — dit-il à la jeune femme avec intérêt.

— Mieux, Monsieur... beaucoup mieux, et j'ai à vous demander pardon de ma ridicule faiblesse de ce matin.

— N'était-elle pas concevable, Madame, après tant d'évènements étranges?...

— Enfin, Monsieur, à cette heure, j'ai toute ma tête... avantage dont je ne jouissais pas ce matin... aussi ai-je été forcée de vous demander de remettre à ce soir l'entretien si nécessaire que nous devons avoir.

— Me voici, Madame, à vos ordres...

— Permettez-moi, Monsieur, quelques questions... je répondrai ensuite aux vôtres... vous êtes, m'avez-vous dit, séparé de Florence? Je l'ignorais complètement.

— En effet, Madame, depuis cette triste soirée où je vous ai rencontrée chez ma femme, pour la première fois... ni elle ni moi, n'avons eu aucune nouvelle de vous...

— Je vous dirai pourquoi, Monsieur.

— Vous comprendrez, Madame, qu'après la pénible scène qui s'était passée entre vous, M. d'Infreville, ma femme et moi... mon irritation ait été grande; après votre départ... j'eus une violente explication avec Florence... elle me déclara qu'elle voulait se séparer de moi... que je vivrais de mon côté, elle du sien; elle désirait, disait-elle, se retirer auprès de vous et de madame votre mère, supposant qu'il vous serait désormais impossible de vivre avec M. d'Infreville.

— Vraiment? telles étaient les intentions de Florence?

— Oui, Madame, car elle m'a toujours paru ressentir pour vous la plus tendre amitié ;... cependant... ainsi que vous le pensez, je repoussai ce projet de séparation comme une folie ; Florence m'affirma que, bon gré mal gré, nous serions séparés ; je haussai les épaules... et pourtant, cette séparation eut lieu.

— Une telle opiniâtreté de volonté m'étonne... de la part de Florence... et s'accorde peu avec son indolence habituelle...

— Ah... Madame... que vous la connaissez peu... et que je la connaissais peu moi-même !... Si vous saviez la force d'inertie d'un pareil caractère !... Dès avant la scène dont je vous parle... nous avions eu de vifs dissentiments. Je vous l'ai dit : j'ai un goût passionné pour les voyages ; le plus doux rêve de ma vie eût été de faire partager ce goût à Florence, car j'étais très amoureux d'elle ;..... et entreprendre d'intéressants voyages avec une femme aimée, c'eût été pour moi le bonheur idéal... mais Florence, dans son incurable paresse, repoussa toujours mes projets ; sans doute, j'eus des torts... je le reconnus, mais il n'était plus temps ; je la traitai trop en enfant, je fis trop le maître, le mari... et quoique l'aimant à l'idolâtrie, je crus de son intérêt et de ma dignité de me montrer sévère, impérieux ; et puis, enfin, que vous dirai-je ? vif, emporté, comme je le suis, son apathie railleuse me mettait hors de moi... Le lendemain du jour où je vous vis chez Florence, elle alla chez vous ; on lui dit que vous étiez partie, dans la nuit, avec Madame votre mère... et M. d'Infreville ; elle ne put savoir de quel côté vous vous étiez dirigée, son chagrin fut profond... J'en eus tellement pitié... que je reculai de quelque temps un projet de voyage que j'avais arrêté ; plus tard, voulant enfin dominer la résistance de ma femme... et lui imposer mes goûts, je lui annonçai ma résolution... Il s'agissait, pour commencer, d'un petit voyage en Suisse... une véritable promenade, je m'attendais à une vive résistance... il n'en fut rien...

— Elle consentit ?

« — Vous voulez me faire voyager, — me

« dit-elle, soit... c'est *votre droit*, ainsi que
« vous le prétendez, essayez-en, — ajouta-
« t-elle de son air nonchalant, — seulement,
« je dois vous prévenir qu'avant huit jours
« vous m'aurez ramenée à Paris. »

— Et au bout de huit jours, Monsieur?

— Je la ramenais à Paris...

— Mais comment a-t-elle pu vous contraindre à ce retour?

— Oh! — dit M. de Luceval avec amertume, — par un moyen bien simple, nous partons ; à la première couchée... je la préviens que nous nous remettrons en route le lendemain à neuf heures... afin de ne pas l'obliger à se lever trop tôt...

— Eh bien !

— Elle est restée quarante-huit heures au lit, dans une mauvaise chambre d'auberge, sous prétexte qu'elle était très fatiguée, me disant avec un calme indolent qui m'exaspéra, — « vous avez *de par la loi, le droit* « de me forcer de vous accompagner, mais « la loi ne limite pas, je pense, les heures « qu'il m'est permis de passer au lit. » — Que répondre à cela, Madame ? Et surtout que devenir pendant quarante-huit heures dans ce maudit endroit? Vous dire, Madame, mon irritation, pendant ces deux mortels jours, est impossible... ne pouvant arracher un mot de ma femme... et, réduit à courir cette petite ville, dans tous les sens, pour me distraire... Cependant, courroucé, comme je l'étais, je tins bon ; elle se lassera plutôt que moi, me dis-je, elle aime le luxe, le bien-être, tous ses aises ; deux ou trois séances pareilles, dans de mauvaises auberges... auront raison de son entêtement.

— Je ne sais si vous aviez calculé juste, Monsieur?

— Vous allez le voir, Madame... Au bout de ces deux mortels jours, nous repartons, nous arrivons, vers les trois heures de l'après midi, à un relais situé dans un misérable village... La route était remplie de poussière, Florence avait les cheveux quelque peu poudreux ; elle descend de voiture, ordonnant à sa femme de chambre de venir la peigner, pour lui ôter cette poussière.... On conduit ma femme dans une chambre délabrée. Là, répugnant de se coucher dans un lit sordide, elle se fait apporter un vieux fauteuil, s'y établit, et me déclare que, se trouvant de plus en plus lasse, elle ne bougera cette fois de quatre jours ; je crus qu'elle plaisantait.... elle parlait sérieusement!

— Comment, Monsieur... pendant ces quatre jours ?...

— Je ne perdis courage qu'à la fin du troisième... mais il me fut impossible de résister plus longtemps! Trois jours, Madame! trois jours entiers, dans un lieu pareil! cherchant, mais en vain, le moyen de dompter la résistance de ma femme, ne sachant qu'imaginer... Requérir la force? faire enlever Florence et la remettre en voiture? quel scandale!... et il eût fallu sans doute recommencer à chaque relais... La menacer? la supplier?... peine inutile... Que vous dirai-je, Madame? le sixième jour, après notre départ, nous rentrions à Paris. Peu de temps après notre arrivée, j'appris une déplorable nouvelle... toute la fortune de ma femme était restée placée chez son tuteur, banquier très connu; il avait fait faillite, pris la fuite, Florence se trouvait complètement ruinée....J'eus un moment de joie. Ma femme, désormais sans fortune, se trouvant, pour ainsi dire, à ma discrétion, se montrerait peut-être plus traitable.

— Je connais Florence, Monsieur, et si je ne me trompe.... votre espoir a dû être trompé.

— Il n'est que trop vrai, Madame : Florence, en apprenant la perte de sa fortune, loin de manifester aucun regret, parut fort satisfaite. Ses premiers mots furent ceux-ci : — « J'espère maintenant, Monsieur, que « vous ne vous opposerez plus à notre sé- « paration. — Plus que jamais, lui dis-je, « car j'ai pitié de vous, et je ne veux pas

« vous exposer à la misère. — Monsieur,
« reprit-elle, avant la perte de mes biens,
« j'aurais peut-être hésité à me séparer de
« vous, car je n'ai plus l'espoir de retrou-
« ver Valentine, et je ne demandais qu'à
« vivre en repos, à ma guise; je vous aurais
« posé certaines conditions; mais, à pré-
« sent, chaque jour, chaque heure, que je
« passerais dans cette maison, serait pour
« moi une humiliation et un supplice; ce
« supplice, je ne veux pas l'endurer; con-
« sentez donc à me rendre ma liberté et à
« reprendre la vôtre. — Mais, malheureu-
« se enfant, lui dis-je, comment vivrez-vous,
« habituée que vous êtes au luxe, à la pa-
« resse? — Je vous ai demandé, en me ma-
« riant, dix mille francs en or sur ma dot,
« me répondit-elle, il me reste une partie

« de cette somme... cela me suffira. — Mais,
« cet argent une fois dépensé, quelles se-
« ront vos ressources? — Peu vous impor-
« te, me répondit-elle. — Cela m'importe
« tellement, que je vous sauverai malgré
« vous, et quoi que vous fassiez, je ne me
« séparerai pas de vous. — Ecoutez, Mon-
« sieur, — me dit-elle d'un ton pénétré, —
« votre intention est généreuse, je vous en
« remercie, vous avez des qualités, vous
« êtes l'homme le plus honorable du mon-
« de ; mais nos caractères, nos penchants,
« sont, et seront toujours en un tel désac-
« cord, que la vie commune deviendrait
« pour nous intolérable ;... de plus, et c'est
« cela surtout qui me décide... je serais
« à votre charge, puisque je suis ruinée.
« Or, sachez-le bien, il n'est pas de puis-

« sance humaine capable de me forcer de
« vivre avec vous dans une condition pa-
« reille. Je vous en supplie donc, monsieur
« de Luceval, séparons-nous à l'amiable,
« et je conserverai de vous un bon souve-
« nir. »

— Ah ! je la reconnais là... Il n'y a pas de délicatesse plus ombrageuse que la sienne... Ce refus, si pénible qu'il fut pour vous, Monsieur..... sortait du moins d'un noble cœur.

— Je pensais comme vous, Madame. Et bien plus... ce qu'il y avait de généreux dans la résolution de Florence, la fermeté de son caractère dans cette circonstance, sa

courageuse résignation à un coup imprévu... tout vint augmenter encore l'amour que, malgré moi, je ressentais toujours pour elle; aussi, dans l'espoir que la réflexion et la crainte d'une vie misérable la ramèneraient à moi... je repoussai plus énergiquement que jamais toute idée de séparation, promettant même à Florence de tâcher de modeler mes goûts sur les siens. — « Cette
« contrainte, me dit-elle, vous donnerait
« un vice que vous n'avez pas, l'hypocrisie;
« vous avez votre tempérament, j'ai le
« mien, il n'y a rien à faire à cela; toutes
« les résolutions, tous les raisonnements du
« monde n'empêcheront jamais, n'est-ce
« pas? que je sois blonde et que vous soyez
« brun. Il en sera toujours ainsi de la dispa-
« rité de nos caractères; et puis enfin, et

« surtout, je ne veux pas être à votre char-
« ge; c'est tout au plus si j'y consentirais,
« vous aimant d'amour ; or, vous le savez,
« il n'en est rien ; une dernière fois, je vous
« en supplie, séparons-nous en amis. » —
« Je refusai...

— Et pourtant cette séparation?

— Cette séparation eut lieu, Madame...
Florence m'y a forcé !

— Et par quel moyen?

— Oh! par un moyen bien simple et parfaitement digne de son indolence... Imagi-
nez-vous, Madame, que, pendant trois mois,

elle ne m'a pas une fois adressé la parole, elle n'a pas répondu à une seule de mes questions; pendant ces trois mois enfin, son regard ne s'est pas arrêté une seule fois sur moi.

— Sa ténacité a pu aller jusque-là?

— Oui, Madame; et il vous serait, voyez-vous, impossible de vous figurer ce que j'ai souffert; les accès de colère, de fureur, de désespoir où me jetait ce mutisme obstiné. Figurez-vous un homme assez insensé pour s'opiniâtrer à vouloir faire parler une statue et à solliciter d'elle un regard. Prières, larmes, offres, menaces, tout fut vain pour lui arracher une seule parole; rien, jamais rien, que l'immobilité, le silence et un dédaigneux sourire. Ah! bien des fois, Madame, j'ai senti mon cerveau s'ébranler, mon esprit s'égarer après des heures entières passées aux pieds de cette implacable créature ou dans les emportements d'une rage folle, pendant que ses traits conservaient leur impassible insouciance.

— Ah! je le comprends, Monsieur, tout se brise devant une telle force d'inertie.

— Que vous dirai-je, Madame? Peu à peu ma santé s'altéra gravement; épuisé par une fièvre lente, ma volonté perdit son énergie, et, convaincu d'ailleurs de l'inutité de ma persistance, je cédai.

— Mon Dieu! que vous avez dû souffrir!... mais lutter plus longtemps eût été inutile.

— Aussi me résignai-je ; et voulant autant que possible atténuer l'éclat de cette séparation, je consultai les gens de loi. Ils m'apprirent que l'une des causes qui pouvaient amener une séparation de corps, était le refus formel que fait la femme de *réintégrer le domicile conjugal :* ce moyen, joint surtout à l'incompatibilité absolue d'humeur, malheureusement trop prouvée par le silence obstiné que Florence avait gardé durant trois mois, et par les scènes qui s'étaient passées dans les auberges, lors de mon essai de voyages, ce moyen parut suffisant ; il fut convenu que ma femme sortirait un jour de chez moi, et irait s'établir dans un hôtel garni. Je fis alors à Florence les sommations légales ; son avoué y répondit : la séparation fut plaidée et prononcée. Ma santé avait été rudement atteinte, les médecins ne virent de salut pour moi que dans un long voyage. Avant mon départ, je remis cent mille francs à mon notaire, le chargeant de les faire accepter à ma femme. En cas de refus de sa part, il devait lui faire savoir qu'il les tiendrait toujours à sa disposition, et, à cette heure, il a encore cette somme entre les mains. Je partis, j'espérais trouver l'oubli dans les voyages.... Loin de là, plus que jamais je sentis combien la présence de Florence me manquait... Je parcourus l'Egypte, la Turquie d'Europe et d'Asie... je revins par les provinces illyriennes, et m'embarquai ensuite à Venise pour Cadix, de là je partis pour le Chili, où je vous rencontrai, Madame. Après une excursion dans les Indes-Occidentales, je fis voile pour le Havre, où j'ai débarqué il y a peu de jours..... En arrivant ici, ma première démarche a été de m'enquérir de Florence ; après d'assez nombreuses recherches j'ai appris qu'elle demeurait rue de Vaugirard. Hier, lorsque nous nous sommes reconnus, Madame, je venais de prendre quelques renseignements sur elle, en faisant causer une personne qui habite la même maison qu'elle.

— Et qu'avez-vous appris, Monsieur?

— Sa position de fortune est sans doute

bien modeste, car elle loge au quatrième étage, et n'a personne pour la servir ; du reste, sa conduite est, dit-on, irréprochable, elle ne reçoit personne... Seulement par une bizarrerie qui me paraît doublement inexplicable quand je songe à ses anciennes habitudes de bien-être et de paresse... Florence sort tous les jours de chez elle avant quatre heures du matin, et ne rentre qu'après minuit.

— Comme Michel ! — s'écria Valentine sans pouvoir cacher sa surprise et son inquiétude croissante. — Cela est étrange !

— Que dites-vous, Madame ?

— Hier aussi, Monsieur... j'avais appris que M. Michel Renaud, votre cousin, demeurait n° 57, au quatrième étage... que, comme Florence, il ne rentrait jamais qu'après minuit, et qu'il sortait chaque matin avant quatre heures. Impossible de tirer du portier d'autres éclaircissements.

— Que signifie cela? — s'écria M. de Luceval. — Michel et ma femme demeurant au même étage, dans deux maisons mitoyennes! sortant et rentrant aux mêmes heures... Quel mystère?

— Florence connaît donc Michel? — demanda vivement Valentine.

— M. Renaud est mon cousin, et maintenant je me rappelle que, peu de temps après votre départ de Paris, Madame, il est venu me voir... et m'a prié de le présenter à ma femme, qui l'a reçu plusieurs fois... Mais vous-même, Madame, vous connaissez donc aussi M. Michel Renaud, puisque vous aviez intérêt à le suivre cette nuit?

— Tout à l'heure, Monsieur, je vous dirai tout, — reprit Valentine en rougissant, — car, ainsi que vous, j'ai intérêt à pénétrer le mystère de certains rapprochements entre la vie de Florence et celle de Michel.

— Ah! Madame, s'écria M. de Luceval avec une sombre amertume. — Il faut vous l'avouer... plus d'une fois, durant mes longs voyages, j'ai ressenti les tortures de la jalousie... en pensant... que Florence, désormais libre...

Puis, tressaillant, il s'interrompit et reprit bientôt, d'une voix sourdement courroucée :

— Libre! oh! non, malgré notre séparation, la loi me réserve du moins le droit de me venger, si la femme qui porte encore mon nom était coupable... et cet homme, cet homme! Oh! si j'avais la certitude, je le provoquerais... et lui ou moi...

—De grâce! calmez-vous, Monsieur, dit madame d'Infreville. — Si bizarres que doivent paraître certains rapprochements, rien jusqu'ici n'accuse Florence... Ce matin, elle est sortie de chez elle ainsi que Michel, et quoique la nuit fût sombre et la rue déserte ...

ils ne se sont pas adressé une parole et se sont toujours tenus éloignés l'un de l'autre... car ce n'est que longtemps après avoir commencé de suivre Michel, que je me suis aperçu qu'une femme marchait parallèlement à lui de l'autre côté de la rue.

— Eh! Madame, cette affectation même n'est-elle pas significative? Ils sortent et rentrent aux mêmes heures ; leur logis n'est séparé que par un mur mitoyen où se trouvent peut-être une communication secrète... Puis tout le temps qu'ils sont hors de chez eux, que font-ils? où vont-ils? Sans doute, ils se réunissent, mais où cela?

— Oh! ce mystère, nous le pénétrerons...

il le faut.. j'ai à cela autant d'intérêt que vous, Monsieur, et, pour vous le faire comprendre, je vais en peu de mots vous dire quelle a été ma vie... ma triste vie... depuis le jour où vous m'avez vue chez vous, écrasée de honte sous les justes reproches de M. d'Infreville.

XIV

XIV

Après un moment de silence, causé par son embarras et par sa confusion, madame d'Infreville reprit courage, et dit à M. de Luceval :

— Lorsqu'il y a quatre ans, Monsieur, le

mensonge dont Florence s'était rendue complice par dévoûment, fut découvert, en votre présence, mon mari, quittant votre maison, me ramena chez lui. Là, je trouvai ma mère.

« — Madame, — me dit M. d'Infreville,
« — nous allons partir dans une heure avec
« votre mère. Je vous conduirai dans une
« de mes fermes du Poitou ; vous y resterez
« désormais seule avec votre mère : son
« existence et la vôtre seront assurées à ce
« prix. Si vous refusez, dès demain je plaide
« en séparation, et je vous poursuis comme
« adultère... J'ai des preuves : des lettres,
« peu nombreuses, mais significatives, sai-
« sies par moi dans votre secrétaire. Je
« vous traînerai sur le banc des accusés,

« vous et votre complice, et, à la face de
« tous, vous boirez la honte jusqu'à la lie.
« Vous irez ensuite en prison avec les fem-
« mes de mauvaise vie ; après quoi vous et
« votre mère serez sur le pavé, où vous
« mourrez de faim. Si vous voulez échapper
« à tant de misère et d'infamie, partez pour
« le Poitou. Ce n'est ni par compassion ni
« par générosité que je vous fais cette offre,
« mais parce que je crains le ridicule d'un
« scandaleux procès. Cependant, si vous
« me refusez, je braverai ce ridicule ; l'in-
« famie dont vous serez couverte me conso-
« lera. »

— Ah!... — s'écria M. de Luceval, — je comprends toute la violence des ressentiments d'un cœur blessé... mais ce langage est atroce!

— Je devais tout entendre, tout souffrir, tout accepter, Monsieur... J'étais coupable, et j'avais une mère infirme, sans ressources; nous partîmes pour le Poitou... où M. d'Infreville nous laissa; la ferme que nous habitions était isolée au milieu des bois; son vaste enclos, dont nous ne pouvions sortir, toujours soigneusement fermé. Je suis restée avec ma mère dix-huit mois dans cette prison, sans qu'il me fût permis ou possible d'écrire une lettre et d'avoir la moindre communication avec le dehors... Au bout de ce temps, je fus libre, j'étais veuve.....
M. d'Infreville... justement irrité, ne m'avait

rien laissé ; ma mère et moi nous tombâmes dans une profonde misère. Mes travaux d'aiguille furent insuffisants à soutenir ma mère, et, après une longue agonie... elle mourut...

Valentine essuya une larme qui lui vint aux yeux, garda un moment le silence, et, surmontant son émotion, continua ainsi :

— Dès notre retour à Paris, je m'étais informée de Florence. Je ne pus rien apprendre, sinon que vous étiez en voyage, Monsieur ; je la crus partie avec vous... Dans ma détresse, j'eus le bonheur de rencontrer une de nos anciennes compagnes du couvent ; elle me proposa d'entrer comme institutrice chez sa sœur, dont le mari venait d'être nommé consul à Valparaiso. C'était pour moi une position inespérée ; j'acceptai, je partis avec cette famille. C'est en revenant d'un voyage fait avec elle dans le nord du Chili, que nous nous sommes rencontrés, Monsieur... Quelque temps après mon retour à Valparaiso, des lettres d'Europe m'apprirent qu'une parente éloignée de mon père, bien que je ne la connusse pas, m'avait laissé en mourant une fortune modeste, mais indépendante. Je revins en France pour régulariser cette succession, et, il y a dix jours, j'ai débarqué à Bordeaux. Maintenant, Monsieur, il me reste à aborder une question très délicate: mais, si embarrassante qu'elle soit pour moi, je l'aborderai; la franchise de vos aveux m'en fait un devoir.

Et après un moment d'hésitation pénible, Valentine ajouta, en baissant les yeux et devenant pourpre :

— Le complice de ma faute... était votre cousin, M. Michel Renaud.

— Les quelques mots prononcés tout à l'heure à part vous, à son sujet, Madame, m'avaient donné cette pensée.

— J'ai aimé, oh! pasionnément aimé Michel, cet amour a survécu à toutes les cruelles épreuves par lesquelles j'ai passé; l'agitation, le mouvement d'un voyage qui m'intéressait beaucoup, ont pu me distraire parfois de ce fol amour, et apporter quelque adoucissemment à mes peines; mais mon affection pour Michel est aussi profonde, à cette heure, qu'il y a quatre ans; vous comprenez, Monsieur, si j'ai dû m'identifier à vos regrets et à vos chagrins, si j'ai dû apprécier tout ce que vous me disiez hier sur l'inexplicable empire que prennent sur nous certains caractères complètement opposés aux nôtres.

— En effet, Madame, le peu de relations que j'ai eues avec mon cousin et ce que j'ai appris de lui m'ont prouvé qu'il était d'une telle indolence, d'une telle apathie, que, dans les premiers temps de mon mariage, je le citais à Florence pour lui faire honte de sa paresse.

— Je les connais tous deux, Monsieur; il est impossible de rencontrer des caractères d'une plus grande similitude.

— C'est ce qui les aura sans doute rapprochés... Leur liaison aura sans doute commencé lors des premières visites de Michel; et pourtant alors, rien dans la conduite de ma femme ne pouvait éveiller chez moi le moindre soupçon... Mais, la ruse aidant, on m'aura trompé... Oh! ils s'aiment, Madame!... ils s'aiment, vous dis-je!... L'instinct de la jalousie ne trompe pas...

— Je devrais partager vos alarmes, Monsieur, et pourtant je doute... Oui, je doute encore, Monsieur; car, si je me croyais oubliée de Michel, j'aurais renoncé à la pensée de le revoir.

— Vous doutez, Madame... Et ce logement seulement séparé par un mur?... Et ces sorties, ces rentrées aux mêmes heures?

— Permettez, Monsieur?... Florence et Michel ne sont-ils pas libres... parfaitement libres? N'est-elle pas légalement séparée de vous? Quel droit, désormais, auriez-vous sur elle?

— Le droit de la vengeance, Madame?

— Et à quoi vous servirait cette vengeance, Monsieur? S'ils s'aiment... les plus rudes épreuves ne feront qu'augmenter leur amour, sans vous donner aucun espoir! Non, non... vous êtes trop généreux pour vouloir faire le mal... pour le mal.

— Ah!... j'ai tant souffert, Madame!

— Moi aussi, Monsieur... j'ai souffert... Peut-être de plus grandes douleurs encore m'attendent... et pourtant j'aimerais mieux mourir que de chercher à troubler l'amour de Michel et de Florence, si j'étais certaine de leur bonheur.

— Mais pourquoi l'avez-vous suivi cette nuit, Madame, au lieu de l'aborder franchement?

— Parce que, avant de me présenter à lui, je voulais tâcher de pénétrer le mystère de sa vie... Si cette découverte m'eût appris que lui et Florence s'aimaient, jamais ni lui ni elle n'auraient entendu parler de moi... Si, au contraire, j'avais la preuve que Michel est resté fidèle à mon souvenir, ou qu'il est, du moins, libre de tout lien... je lui aurais proposé un mariage qui, peut-être, assurait le repos de sa vie...

— J'ai moins de résignation, Madame.

— Alors quel était donc votre but, en suivant Florence ?

— De la surprendre en faute, car son

genre de vie me semblait suspect, et alors, armé de ce secret...

— Ah! Monsieur... toujours l'intimidation, toujours la violence !... Voyez, hélas! à quoi cela vous a servi !...

— Et mes prières... et mes larmes! et mon désespoir dont elle riait, à quoi cela m'a-t-il servi, Madame?

— A rien, sans doute... aussi, croyez-moi, ce qui a déjà été vain le serait encore... Florence vous a donné des preuves de la fermeté de son caractère... la supposez-vous changée? Erreur! Si elle aime... sa volonté puisera de nouvelles forces dans son amour même... et si vous vous vengez... vous n'aurez que le triste triomphe d'avoir fait le mal...

— Du moins, je serai vengé ! je tuerai cet homme, ou il me tuera.

— Monsieur... si je vous croyais capable de persister dans de pareils projets... je n'aurais qu'une pensée : prévenir Florence et Michel du danger qui peut les menacer...

— Vous êtes généreuse, Madame, — dit M. de Luceval, avec une sombre amertume.

— Et vous aussi, vous êtes généreux, Monsieur, lorsque vous ne cédez pas à d'aveugles ressentiments ; oui, vous êtes généreux, je n'en veux pour preuve, que votre touchante sollicitude lorsque, avant votre départ, et malgré votre désespoir, vous songiez à subvenir aux besoins de Florence...

— C'était faiblesse de cœur et d'esprit, Madame... les temps sont changés...

— Tout ce que je puis vous dire, Monsieur, c'est que si vous espérez trouver en moi la complice d'une vaine et méchante vengeance, nous devons à l'instant terminer cet entretien... Si, au contraire vous voulez comme moi arriver à connaître la vérité, afin de savoir si nous pouvons espérer ou si tout espoir doit nous être ravi... comptez sur moi, Monsieur... car, en nous servant mutuellement, nous arriverons sans doute à la découverte de la vérité.

— Et si la vérité est qu'ils s'aiment?...

—Avant d'aller plus loin, Monsieur, donnez-moi votre parole d'homme d'honneur... que, si pénible que soit la découverte que nous pouvons faire, vous renoncerez à toute vengeance... et même... à voir Florence.

— Jamais... Madame... jamais... Aimez à votre manière... j'aime à la mienne...

— Soit, Monsieur, — dit Valentine en se

levant, — nous agirons donc isolément et comme bon vous semblera...

— Mais, Madame... je ne puis pourtant pas...

— Vous êtes libre de vos actions, Monsieur.

— De grâce...

— C'est inutile, Monsieur.

XV

XV.

M. de Luceval garda un moment le silence, en proie à la lutte violente de sa jalousie, de sa générosité naturelle et de sa crainte de voir madame d'Infreville, ainsi qu'elle l'en avait menacé, avertir Florence des dangers qu'elle pouvait courir; enfin cette dernière considération, et, il faut le dire, un fonds de sentiments élevés l'emportèrent, et M. de Luceval répondit à Valentine :

— Allons, Madame, vous avez ma parole...

— Bien, bien, Monsieur... et tenez, mes pressentiments me disent que cette bonne résolution nous portera bonheur... Car, enfin, raisonnons seulement sur ce que nous savons...

— Voyons, Madame. Eh! mon Dieu! je ne demande qu'à espérer...

— C'est justement d'espérances que je veux vous parler...

— Mais lesquelles ?

— D'abord, si Michel et Florence s'aimaient, tranchons le mot, s'ils étaient amants, qui les empêcherait de vivre comme mari et femme... dans quelque solitude de province, ou même à Paris, l'endroit du monde où l'on peut vivre le plus à sa guise, et le plus obscurément?

—Mais ces appartements mitoyens, n'est-il pas probable qu'ils communiquent l'un à l'autre?

— A quoi bon ces précautions, ce mystère, cette gêne si éloignée du caractère de Michel et de Florence?

— A quoi bon? mais à se voir sans scandale, Madame.

— Mais encore une fois, en changeant de nom et en se donnant pour mari et femme, M. et madame Renaud, je suppose, où eût été le scandale? qui eût pénétré la vérité? qui aurait eu intérêt à la découvrir?

— Qui? mais tôt ou tard, vous ou moi, Madame...

— Raison de plus, Monsieur : s'ils avaient craint quelque chose ils auraient changé de nom, c'était plus simple et plus sûr, tandis que, gardant leurs noms, n'étaient-ils pas bien plus faciles à découvrir, ainsi que l'ont prouvé nos recherches ? Et puis enfin, Monsieur, s'ils avaient voulu absolument s'entourer de mystère, ne pouvaient-ils pas, tout aussi bien, cacher ce qu'ils laissent apparaître de leur vie, que ce qu'ils en dissimulent, car ils passent la majeure partie de leur temps hors de chez eux.

— Et c'est là ce qui me confond, où vont-ils ainsi? Florence, qui pouvait à peine se lever à midi... se lève, depuis trois ans... avant quatre heures... du matin, et par des temps aussi détestables que celui de cette nuit.

— Et Michel!.. n'est-ce pas tout aussi surprenant?

— Quel changement, à quoi l'attribuer?

— Je l'ignore... mais ce changement même me fait espérer ; oui, tout me fait croire que Michel a enfin vaincu cette apathie... cette paresse qui lui avait été si funeste, et dont je n'avais aussi que trop souffert...

— Ah! si vous disiez vrai, Madame! Si Florence n'était plus cette indolente qui regardait une course en voiture comme une fatigue, et le moindre voyage comme un supplice ; si l'existence pénible à laquelle elle a été réduite depuis quatre ans l'avait transformée... avec quel bonheur j'oublierais le passé! combien ma vie pourrait être belle encore! Ah! Madame! tenez, je ne crains plus qu'une chose... maintenant, c'est de follement espérer.

— Pourquoi, follement?

— Vous pouvez espérer... vous! Madame... car du moins vous avez été aimée... tandis que Florence n'a jamais ressenti d'amour pour moi.

— Parce qu'il y avait entre son caractère et le vôtre un complet désaccord. Mais si, comme tout nous le fait supposer, son caractère s'est transformé par les nécessités même de la vie qu'elle mène depuis quatre ans? peut-être ce qui alors lui déplaisait en vous, lui plaira-t-il maintenant? Ne vous a-t-elle pas dit elle-même, au fort de vos dissentiments, qu'elle vous tenait pour un homme aussi généreux qu'honorable?

— Mais notre séparation légale?

— Eh! Monsieur, raison de plus.

— Comment?

— Contrainte... Florence a été intraitable... maîtresse d'elle-même, sa conduite envers vous sera peut-être toute autre.

— Encore une fois, Madame, je crains de

me laisser entraîner à de folles espérances...
La déception serait trop pénible.

—Espérez, espérez toujours... Monsieur... la déception, si elle vient, ne viendra que trop tôt... mais, pour changer nos espérances en certitudes, il est urgent de pénétrer le mystère dont s'entourent Florence et Michel... dans ce mystère est certainement le nœud de leurs rapports. Une fois la nature de ces relations connue, nous serons fixés.

— Je suis de votre avis, Madame; mais comment faire ?...

— En attendant mieux, revenir au moyen

que nous avons employé hier... C'est le plus simple et le meilleur, en un mot, de les suivre... en redoublant de précaution. L'heure à laquelle ils sortent... rend notre entreprise bien facile; si ce moyen est insuffisant... nous aviserons à un autre.

— Peut-être serait-il préférable, afin de ne pas éveiller leurs soupçons, que je les suive seul.

— En effet, Monsieur... et si vous ne réussissez pas... j'essaierai à mon tour.

Deux coups légers, frappés à la porte du salon, interrompirent l'entretien.

— Entrez, — dit madame d'Infreville.

Un domestique de l'hôtel se présenta, tenant une lettre à la main.

— C'est une lettre qu'un commissionnaire vient d'apporter pour Madame.

— De quelle part?

— Il ne l'a pas dit, Madame, et il est reparti aussitôt.

— C'est bien! — dit Valentine, en prenant la lettre.

Puis, s'adressant à M. de Luceval :

— Vous permettez?...

Il s'inclina. Valentine décacheta la lettre, chercha la signature et s'écria bientôt :

— Florence... une lettre de Florence...

— De ma femme! — s'écria M. de Luceval.

Et tous deux se regardèrent avec stupeur.

— Mais comment sait-elle votre adresse... Madame?

— Je l'ignore... et je reste confondue.

— Lisez, Madame, lisez, de grâce...

Madame d'Infreville lut ce qui suit :

« Ma bonne Valentine, j'ai appris que tu
« étais à Paris... je ne puis te dire le bon-
« heur que j'aurais à t'embrasser; mais ce
« bonheur, il me faut l'ajourner, et le re-
« mettre à trois mois environ, c'est-à-dire
« aux premiers jours de juin de cette année.

« Si, à cette époque, tu tiens à revoir ta
« meilleure amie (j'ai la présomption de ne
« pas douter de ta bonne volonté), tu iras
« chez M. Duval, notaire à Paris, rue Mont-
« martre, n° 17, tu lui diras qui tu es, et il
« te remettra une lettre où tu trouveras mon

« adresse; quant à cette lettre, il ne la re-
« cevra lui-même qu'à la fin de mai, car, à
« cette heure, M. Duval ne me connait
« même pas de nom.

« Je suis tellement certaine de ton amitié,
« ma bonne Valentine, que je compte sur ta
« visite; le voyage te semblera peut-être un
« peu long... mais tu pourras te reposer
« chez moi de tes fatigues, et Dieu sait si
« nous aurons à causer.

« Ta meilleure amie, qui t'embrasse de
« toute son âme.

« Florence de L. »

L'on comprend la surprise profonde de Valentine et de M. de Luceval en lisant cette lettre ; ils gardèrent un instant le silence ; M. de Luceval l'interrompit le premier, et s'écria :

— Cette nuit ils se sont aperçus que nous les suivions.

— Comment Forence a-t-elle su mon adresse — dit Valentine, pensive, — je n'ai vu personne à Paris, excepté vous, Monsieur, et un de nos anciens domestiques, à l'aide de qui je suis parvenue à découvrir l'adresse de Michel qui a eu pour nourrice la sœur de l'homme dont je vous parle.

— Pourquoi Florence vous écrit-elle à

vous, Madame, et non pas à moi, si elle s'est doutée que je la suivais?

— Peut-être nous trompons-nous, Monsieur, et m'écrit-elle sans savoir que vous êtes à Paris.

— Mais alors, Madame, pourquoi ce retard à vous recevoir... et cette recommandation indirecte de ne pas chercher à savoir son adresse, avant la fin du mois de mai, puisqu'elle vous avertit que la personne qui vous donnera cette adresse ne doit la savoir qu'à cette époque?

— Oui, il est évident, — reprit Valentine, un peu abattue, Florence ne désire pas me voir avant trois mois... et elle aura pris ses mesures en conséquence... Maintenant Michel a-t-il participé à l'envoi de cette lettre ?

Madame... il n'y a pas une minute à perdre, — dit M. de Luceval, après un moment de réflexion, — prenons une voiture et allons rue de Vaugirard... si ma femme a quelque soupçon... quelque crainte, elle sera revenue chez elle... dans le jour, ou elle aura fait donner quelque ordre qui pourra nous éclairer.

— Vous avez raison, Monsieur, partons... partons...

Une heure après, Valentine et M. de Luceval se rejoignaient dans le fiacre qui les avait déposés à peu de distance des deux maisons mitoyennes où ils étaient allés se renseigner.

— Eh bien ! Monsieur, — dit avec anxiété madame d'Infreville, qui, pâle et agitée, était remontée la première en voiture. — Quelle nouvelle ?

— Plus de doute, Madame, ma femme a des soupçons. J'ai demandé au portier madame de Luceval, ayant à l'entretenir d'une affaire très importante. — Depuis tantôt, Monsieur, m'a répondu cet homme, — cette dame ne demeure plus ici... Elle est venue en fiacre sur les onze heures, elle a emporté plusieurs paquets, en annonçant qu'elle ne reviendrait plus... Cela était tout simple, a ajouté le portier, car madame de Luceval avait payé six mois d'avance en entrant ici, et avait, il y a quelque temps, donné congé pour le 1er juin ; quant à son petit mobilier, elle fera savoir plus tard comment elle en disposera. — Telles ont été les réponses de cet homme, Madame ; il m'a été impossible d'en tirer autre chose, et vous, Madame, qu'avez-vous appris ?

— Ce que vous avez appris vous-même, Monsieur, — répondit Valentine avec un accablement croissant. Michel est venu sur les onze heures ; il a de même annoncé qu'il quittait la maison et qu'il aviserait à la destination de ses meubles. Il avait d'ailleurs aussi donné congé pour le 1er juin.

— Ainsi, c'est le 1er juin qu'ils doivent se réunir...

— Alors, Monsieur, pourquoi me donner rendez-vous à cette époque?

— Oh! quoi qu'il en soit, quoi qu'ils fassent, — s'écria M. de Luceval, — je pénétrerai ce mystère.

Madame d'Infreville secoua mélancoliquement la tête, ne répondit rien, et resta profondément absorbée.

XVI

XVI

Il y avait trois mois environ que M. de Luceval et madame d'Infreville s'étaient rencontrés à Paris.

Les scènes suivantes se passaient dans une *bastide* située à deux lieues environ de la ville d'*Hyères*, en Provence.

Cette bastide, toute petite maison de campagne, de la plus modeste, mais de la plus riante apparence, s'élevait au pied d'une colline, à cinq cents pas de la mer.

Le jardin, d'un demi-arpent tout au plus, planté de sycomores et de platanes séculaires, était traversé par un cours d'eau rapide; alimenté par les sources de la montagne, ce ruisseau allait se jeter dans la mer, après avoir répandu la fraîcheur dans ce jardinet.

La maison, blanche, à volets verts, semblait enfouie au milieu d'un quinconce d'énormes orangers en pleine terre, qui l'abritaient contre les rayons brûlants du midi.

Une simple haie d'aubépine fleurie clôturait le jardin, où l'on entrait par une petite porte, enchâssée entre deux assises de pierres sèches.

Vers les trois heures de l'après-midi, par un soleil aussi resplendissant que le soleil d'Italie, une calèche de voyage, venant d'Hyères, s'arrêta non loin de la petite bastide, sur la pente de la colline.

M. de Luceval, pâle, la figure contractée, sortit le premier de la voiture, et aida madame d'Infreville à en descendre.

Celle-ci, après avoir un instant jeté les yeux autour d'elle, aperçut, de la hauteur où la voiture venait de s'arrêter, la maisonnette enfouie au milieu des orangers.

Valentine, désignant alors d'un geste la bastide à M. de Luceval, lui dit d'une voix légèrement altérée :

— C'est là !...

— En effet, — reprit-il avec un soupir contenu. — Ce doit être là... d'après les renseignements qu'on nous a donnés... Le moment suprême est arrivé... Allez, Madame, je vous attends, je ne sais s'il n'y a pas plus de courage à rester ici, dans l'angoisse de l'incertitude... qu'à vous accompagner.

— Rappelez-vous, de grâce... votre promesse, Monsieur... laissez-moi seule... accomplir cette mission peut-être bien pénible ; vous pourriez ne pas rester maître de vous... et, malgré l'engagement d'honneur... que vous avez pris envers moi... Ah! Monsieur... tenez... je n'achève pas... je frémis à cette pensée...

— Ne craignez rien, Madame, — reprit M. de Luceval d'une voix sourde, — je n'ai qu'une parole... à moins que...

— Ah! Monsieur... vous m'avez juré...

— Soyez tranquille, Madame... je n'oublierai pas ce que j'ai juré...

— A la bonne heure, vous me rassurez... Allons, Monsieur, courage et espoir... ce jour que nous attendons depuis trois mois avec tant d'anxiété est enfin venu. Le même mystère enveloppe pour nous la conduite de Michel et de Florence. Dans une heure nous saurons tout... et tout sera décidé.

— Oui... — reprit M. de Luceval avec accablement, — oui... tout sera décidé.

— A bientôt, Monsieur... peut-être ne reviendrai-je pas seule...

M. de Luceval secoua tristement la tête, et Valentine, descendant un sentier, se dirigea vers la porte du jardin de la maisonnette.

M. de Luceval, resté seul sur le versant

de la colline, se promena d'un air sombre et pensif, jetant parfois les yeux, comme malgré lui, sur la maisonnette.

Soudain il s'arrêta, tressaillit, devint livide,... son regard étincela...

Il venait de voir, à quelque distance de la haie dont était entourée la bastide, passer un homme vêtu d'une veste de coutil blanc et coiffé d'un large chapeau de paille.

Mais bientôt cet homme disparut parmi quelques rochers bordant la mer, et au milieu desquels s'élevaient çà et là d'énormes chênes de liége.

Le premier mouvement de M. de Luceval fut de courir à la voiture, d'y prendre, sous une des banquettes, une boîte à pistolets de combat soustraite aux regards de madame d'Infreville, et de s'élancer à la poursuite de l'homme au chapeau de paille...

Au bout de dix pas... M. de Luceval fit une pause, réfléchit, revint lentement auprès de la calèche, et y replaça les armes en se disant :

Il sera toujours temps... et quant à mon serment... je le tiendrai... tant que le désespoir et la rage de la vengeance ne m'emporteront pas au-delà de toutes les limites de la raison et de l'honneur.

Puis, M. de Luceval, les yeux fixés sur la maisonnette, descendit le sentier, et, semblant lutter contre une puissante tentation, il examina la haie dont le jardin était entouré.

Pendant la durée de ces derniers incidents, Valentine, arrivant à la porte extérieure de l'enclos, y avait frappé.

Au bout de quelques instants cette porte s'ouvrit.

Une femme de cinquante ans environ, très proprement vêtue à la mode provençale, parut sur le seuil.

A sa vue, Valentine s'écria sans cacher sa surprise :

— C'est vous, madame Reine !!!

— Oui, Madame... — reprit la vieille femme, avec un accent méridional et sans paraître d'ailleurs nullement étonnée de la visite de Valentine ; — toujours votre servante, donnez-vous la peine d'entrer.

Valentine sembla retenir une question qui lui vint aux lèvres, rougit légèrement, entra dans le jardin, et la porte se referma sur les deux femmes (madame reine avait été la nourrice et l'unique servante de Michel Renaud, même au temps de sa splendeur).

Madame d'Infreville arriva bientôt sous l'épaisse voûte de verdure formée par le quinconce d'orangers, au centre duquel était bâtie la petite maison blanche.

— Madame de Luceval est-elle ici ? — demanda Valentine d'une voix un peu altérée.

La vieille nourrice s'arrêta court, mit un doigt sur sa bouche, comme pour recommander le silence à madame d'Infreville ; puis, d'un geste, elle lui fit signe de regarder à gauche, et resta immobile.

Valentine aussi resta immobile.

Voici ce qu'elle vit :

Deux hamacs caraïbes, tressés de jonc aux mille couleurs, étaient attachés, à peu de distance l'un de l'autre, aux troncs noueux des orangers.

L'un de ces hamacs était vide.

Dans l'autre reposait Florence.

Une sorte de léger velarium en toile blanche à raies bleues, tendu au-dessus du hamac, se gonflant comme une voile au souffle du vent de mer, qui venait de s'élever, imprimait un doux balancement à ce lit aérien...

Florence... les bras et le cou nus... vêtue d'un peignoir blanc, sommeillait dans une attitude ravissante d'abandon, de mollesse et de grâce... Sur son bras droit, à demi replié, sa jolie tête s'appuyait languissante, et parfois la fraîche haleine de la brise, caressant le front de la jeune femme, soulevait quelques boucles de ses cheveux blonds; son bras gauche pendait nonchalamment en dehors du hamac, et sa main tenait encore le large éventail vert dont elle s'éventait peu d'instants auparavant que le sommeil l'eût surprise... Une de ses jambes charmantes, découverte jusqu'à la naissance d'un petit mollet rebondi, emprisonné dans les fines mailles d'un bas de fil d'Écosse, était aussi négligemment pendante en dehors du hamac, et mettait en évidence un pied de Cendrillon, chaussé d'une pantoufle de marocain rouge.

Jamais Valentine n'avait vu Florence plus jolie, plus rose et plus fraîche; ses lèvres purpurines, à demi ouvertes, exhalaient un souffle pur et doux comme celui d'un enfant, et ses traits, dans leur adorable sérénité, exprimaient une quiétude ineffable.

A quelques pas de là, on voyait au milieu de l'eau transparente du ruisseau, qu'ombrageaient aussi les orangers, une grande corbeille de jonc à demi submergée, remplie de pastèques verts à chair vermeille, de figues empourprées et de raisins précoces, qui rafraîchissait dans cette onde presque glacée, où étaient aussi presque noyées des caraffes de cristal remplies de limonade au citron couleur de l'ambre, et de jus de grenade couleur de rubis... Enfin... sur le gazon dont le ruisseau était encadré, et toujours bien à l'ombre, on voyait deux vastes fauteuils, des nattes de paille, des carreaux, des coussins et autres *engins* de paresse et de *far niente*, puis, à portée des fauteuils, une table où se trouvaient pêle-mêle quelques livres, une pipe turque, des coupes de cristal, et, sur un plateau, de petits gâteaux de maïs à la mode du pays. Enfin, pour compléter ce tableau, l'on apercevait à travers deux des percées du quinconce, d'un côté les flots bleus et assoupis de la Méditerranée ; de l'autre, les cimes étagées des hautes collines, dont les lignes majestueuses se profilaient sur l'azur du ciel.

Valentine, frappée du spectacle qu'elle avait sous les yeux, restait, malgré elle, immobile et charmée...

Soudain, la petite main de Florence s'ouvrit machinalement, l'éventail tomba, et, en s'échappant des doigts de la dormeuse, l'éveilla.

XVII

XVII

A l'aspect de madame d'Infreville, pousser un cri de joie, sauter de son hamac et se jeter au cou de son amie... tels furent les premiers mouvements de Florence.

— Ah! — dit-elle en embrassant tendrement Valentine, pendant que des larmes d'attendrissement mouillaient ses paupières, — j'étais bien sûre que tu viendrais... Depuis deux jours je t'attendais, et, tu le vois, — ajouta-t-elle en souriant et en jetant un coup-d'œil sur le hamac dont elle venait de descendre, — *le bonheur vient en dormant*, proverbe de paresseux ; mais il n'en est pas moins vrai, puisque enfin te voilà. Mais laisse-moi donc bien te regarder, — ajouta Florence en tenant entre ses mains les mains de son amie, et se reculant de deux pas. — Toujours belle... oui, plus belle que jamais. Embrasse-moi donc encore, ma bonne Valentine ! Quand j'y songe, voilà pourtant plus de quatre ans que nous ne nous sommes vues, et dans quelle occasion encore ! mais chaque chose aura son temps. Et d'abord, — ajouta Florence en prenant son amie par la main, et la conduisant auprès du ruisseau : — comme la chaleur est accablante, voici des fruits de mon jardin que j'ai fait rafraîchir pour toi.

— Merci, Florence, je ne prendrai rien maintenant. Mais, à mon tour, laisse-moi te regarder et te dire... (je ne suis pas une flatteuse, moi) combien tu es embellie. Quel éclat! quelle fraîcheur! et surtout quel air de bonheur!

— Vrai? tu me trouves l'air heureux? tant mieux, car je serais bien ingrate envers le sort si je n'avais pas cet air-là... Mais je devine ton impatience... tu veux causer?... moi aussi, j'en meurs d'envie. Eh bien! causons... mais d'abord assieds-toi-là.. dans ce fauteuil... maintenant ce carreau sous tes pieds, puis ce coussin pour t'accouder plus mollement... Oh! on ne saurait trop prendre ses aises...

— Je le vois, — dit Valentine de plus en plus étonnée de l'air dégagé de son amie, quoique leur entrevue, en raison de plusieurs circonsances, dût avoir un caractère fort grave. — Oui, ajouta-t-elle avec un sourire contraint, — tu me parais, Florence, avoir fait encore de grands progrès dans tes recherches de bien-être.

— J'en ai fait d'étonnants... ma chère Valentine... Tiens, regarde cette petite mentonnière fixée au dossier de ce fauteuil.

— Bien... mais je ne devine pas.

— C'est pour se soutenir la tête... quand on le veut... — Et joignant l'exemple au précepte, la nonchalante ajouta : — Vois-tu comme c'est commode!... Mais à quoi pensai-je?... tu me regardes d'un air surpris, presque chagrin, — dit la jeune femme en devenant sérieuse, — tu as raison... Tu me crois peut-être insensible à tes douleurs passées... et, je l'espère... heureusement oubliées, — ajouta Florence d'un ton ému et pénétré. — Moi... insensible! oh! il n'en est rien, je te jure. A toutes tes peines j'ai compati, mais ce jour est si doux, si beau pour moi, que je ne voudrais pas l'attrister par de méchants souvenirs...

— Comment! tu as su...

— Oui, j'ai su, il y a de cela un an... ta retraite en Poitou, ton veuvage, ta détresse... dont tu as moins souffert pour toi que pour ta mère... — reprit Florence de plus en plus attendrie. — J'ai su aussi avec quel courage tu as lutté contre l'adversité jusqu'à la mort de ta pauvre mère... Mais, tiens... voilà ce que je craignais, — ajouta la jeune femme en portant sa main à ses yeux, — des larmes... et aujourd'hui... encore!...

— Florence... mon amie, — dit Valentine en partageant l'émotion de sa compagne, — jamais je n'ai douté de ton cœur...

— Bien vrai?

— Peux-tu le croire?

— Merci, Valentine... merci, tu me rends toute à ma joie de te revoir.

— Mais comment as-tu appris ce qui me regarde?

— Je l'ai appris de ci, de là, un peu de chaque côté. Je menais une vie si active si agitée...

— Toi !

— Moi, — répondit la jeune femme, avec une petite mine joyeuse et triomphante, — oui, moi... Oh! tu en sauras bien d'autres.

— Certes, si tu le veux, tu me feras tomber de surprise en surprise... car, moins instruite que toi, je ne sais rien de ta vie depuis quatre ans... sinon ta séparation d'avec M. de Luceval.

— C'est vrai, — dit Florence avec un demi-sourire, — M. de Luceval a dû te raconter cela... et par quels moyens un peu bizarres... mais puisés dans mon arsenal de paresse... (que veux-tu? on se sert de ce qu'on a...) j'ai amené mon mari à renoncer à la fantaisie de me faire voyager contre mon gré, et surtout de me garder malgré moi pour sa femme.

— Et cette séparation, tu l'as exigée lorsque tu as appris ta ruine. M. de Luceval m'a tout dit... Il rend pleine justice à ta délicatesse.

— La générosité venait de lui... pauvre Alexandre... A part ses habitudes de mouvement perpétuel et ses manières de *Juif-Errant*, il a du bon... beaucoup de bon... n'est-ce pas, Valentine ? — ajouta Florence en souriant malignement. — Quel heureux hasard que vous vous soyez rencontrés... si à propos... et que, depuis trois mois, vous vous soyez vus si fréquemment! Vous avez dû ainsi vous apprécier ce que vous valez.

— Que veux-tu dire? — reprit Valentine en rougissant et regardant son amie avec surprise. — En vérité, Florence, tu es folle.

— Je suis folle... à la bonne heure... Mais, tiens Valentine, soyons franches, comme toujours... Il est un nom que tu es impatiente et embarrassée de prononcer depuis ton arrivée, c'est le nom de Michel?

— C'est vrai, Florence, et cela pour plusieurs raisons.

— Eh bien! Valentine, pour nous mettre tout de suite à l'aise et appeler les choses par leur nom, je te dirai que Michel n'a pas été... et n'est pas mon amant.

Une lueur d'espérance brilla dans les yeux de Valentine, mais elle reprit bientôt avec un accent de doute :

— Florence...

— Tu le sais, je ne mens jamais; pourquoi te tromperais-je? Michel n'est-il pas libre, moi aussi! je te répète qu'il n'est pas mon amant; je ne sais pas ce qui arrivera plus tard, mais je te dis la vérité quant à présent. Et puis enfin, est-ce que tu ne comprends pas, Valentine, toi, la délicatesse même, que si j'avais été ou que si j'étais la maîtresse de Michel, il y aurait pour toi et pour moi quelque chose de si embarrassant, de si pénible dans cette entrevue, que je me serais bien gardée de la solliciter?

— Ah! Florence, ton loyal et bon cœur ne se dément jamais, — dit Valentine en ne pouvant s'empêcher de se lever et d'aller embrasser son amie avec effusion, — malgré toute ma joie de te revoir... j'avais le cœur serré, contraint; mais maintenant je respire à l'aise... Je suis délivrée d'une angoisse poignante.

— Ça aura été ta punition d'avoir douté de moi... méchante amie; mais tu m'as demandé d'être franche... Aussi ajouterai-je en toute franchise... que si nous ne sommes point amants, nous nous adorons, Michel et moi, autant que deux paresseux comme nous peuvent prendre la peine de s'adorer... Et tiens, il y a une heure encore, les yeux demi clos, et fumant lentement sa longue pipe orientale, en se balançant dans ce hamac à côté du mien pendant que je m'éventais délicieusement, Michel me disait : « Ne trouvez-vous « pas, Florence, que notre amour ressemble « au doux balancement de ce hamac?... Il « nous berce entre la terre et le ciel. » Tu me répondras, Valentine, que cette pensée n'est pas très claire, — ajouta Florence en souriant, — qu'elle est vague et obscure comme les idées qui nous viennent entre le sommeil et la veille... Je suis de ton avis ;

maintenant, cela me paraît ainsi... mais, quand Michel me disait cela, je jouissais sans doute de toute la béatitude de corps et de tout l'engourdissement d'esprit nécessaires pour apprécier cette sublime comparaison de notre ami, qui me paraissait alors d'une vérité frappante.

— Michel ne m'aime plus, — dit madame d'Infreville d'une voix altérée en regardant fixément Florence, — il m'a tout-à-fait oubliée !

— Je ne puis répondre à cela, ma bonne Valentine, — dit la jeune femme, — qu'en te racontant notre histoire et...

— Ah ! mon Dieu ! — dit Valentine en interrompant son amie, — tu n'as pas entendu !

— Quoi donc? — dit la jeune femme en prêtant l'oreille et regardant du côté vers lequel se dirigeaient les regards de son amie, — qu'as-tu entendu?...

— Écoute donc...

Les deux compagnes restèrent muettes, attentives, pendant quelques instants.

Le plus grand silence régnait au dedans et au dehors du jardin.

— Je me serai trompée, — dit madame

d'Infreville rassurée, — j'avais cru entendre du côté de ce massif...

— Quoi donc, Valentine ?

— Je ne sais... comme un bruit de branches cassées.

— C'est le vent de mer qui s'élève par intervalles, il aura agité les grands rameaux de ce vieux cèdre, placé là-bas près de la baie, et dont tu vois la cime au-dessus de ces massifs... le frottement des branches des arbres verts cause souvent des bruits singuliers, — reprit Florence en toute sécurité de conscience ; puis elle ajouta :

jours, a toujours été le Michel que tu as connu. C'est pour cela, je te répète, que sa douleur m'a beaucoup touchée. Nous sommes donc convenus que moi, de mon côté, lui du sien, nous ferions toutes les tentatives possibles pour te retrouver. Il s'y est bravement résolu ; je dis bravement... parce que tu comprends ce qu'était pour un paresseux comme lui la perspective de tant de peines ! d'embarras !... Seulement....

— Seulement?

— Il s'est naïvement écrié : — « Ah! que « je la retrouve ou non! c'est bien la « dernière maîtresse que j'aurai. » — Ce qui correspondait parfaitement, tu le vois, à ma terreur des angoisses auxquelles peut vous exposer l'inconvénient d'avoir un amant. Je trouvai, en cela, Michel rempli de bon sens... et l'encourageai dans ses démarches, pour te retrouver.

— Et ces démarches... vraiment il les a faites?...

— Avec une activité qui me confondait, car il me tenait au courant de tout ; malheureusement les mesures de ton mari avaient été si bien prises... que nous ne pûmes rien découvrir, et, de plus, nous ne recevions aucune nouvelle... aucune lettre de toi.

— Hélas! Florence... presque prisonnière dans une demeure isolée au milieu des bois, entourée de gens dévoués à M. d'Infreville... tout envoi de lettres m'était impossible.

— Nous l'avons bien pensé, ma pauvre Valentine... mais enfin il nous fallut renoncer à l'espoir de retrouver tes traces...

— Et en t'occupant ainsi de moi... tu voyais souvent Michel ?

— Nécessairement.

— Et que pensais-tu de lui ?

— T'en dire tout le bien que j'en pensais, serait faire mon éloge, car, chaque jour, je m'étonnais de plus en plus de l'inconcevable ressemblance qui existait entre son caractère, ses idées, ses penchants et les miens... Or, comme je ne suis pas d'une modestie farouche lorsque je cause avec moi-même... je trouvais... que nous étions tous deux charmants...

— C'est alors... que tu as pensé à te séparer de ton mari...

— Qu'elle est donc mauvaise ! — dit Florence, en menaçant du doigt son amie, — non, Madame... la cause de notre séparation est toute autre... car nous étions, Michel

— Maintenant, Valentine, que je t'ai expliqué ce grand phénomène, écoute notre histoire à Michel et à moi.

XVIII

quelles merveilles elle peut enfanter, cette chère paresse.

— Je te crois... et cette séparation... m'a dit ton mari, fut réellement amenée par la perte de ta fortune?... Cela en a été le vrai motif?

— Voyons, Valentine?... franchement?... être désormais à la merci de mon mari... à ses gages, pour ainsi dire... Est-ce que je pouvais admettre cela? Non, non, je me rappelais trop les humiliations que tu avais souffertes, pauvre fille sans fortune, en épousant un homme riche... Non, non, la seule pensée d'une vie pareille révoltait ma délicatesse et ma paresse.

— Ta délicatesse... soit, mais ta paresse ? Florence ? Comment cela ? ne te fallait-il pas renoncer à ce luxe, à cette richesse qui te permettaient d'être paresseuse toute à ton aise ?

— De deux choses l'une, Valentine : si je restais aux gages de M. de Luceval, il me fallait complètement sacrifier mes goûts aux siens, me lancer dans son tourbillon d'activité, et aller *au Caucase* s'il avait eu cette fantaisie ; or, j'aurais, je crois, préféré la mort à cette vie là...

— Mais pourquoi, au contraire, n'avoir pas imposé tes goûts à ton mari ? profitant de l'empire que tu avais sur lui... car il t'aimait... et...

— Il m'aimait. Oui... comme j'aime les fraises... pour les manger. Mais d'abord, je le connais, il ne pouvait pas plus changer son caractère que moi changer le mien ; le naturel eût chez lui repris le dessus. et, tôt ou tard, notre vie eût été un enfer ; je préférai donc me séparer... tout de suite.

— Et Michel... fut-il prévenu de ta résolution ?

— Il la trouva des plus convenables. Ce fut à cette époque... que lui et moi nous fîmes quelques vagues projets pour l'avenir... projets d'ailleurs toujours subordonnés à toi.

— A moi ?

— Certes, Michel connaissait ses devoirs, il les eût accomplis, s'il fût parvenu à te retrouver... Aussi, pendant qu'il se livrait à une dernière recherche, je m'occupai de mon côté d'arriver à la séparation que je voulais obtenir, je priai Michel de cesser ses visites, jusqu'à ce que je fusse libre; sa présence m'eût gênée... mon mari t'a dit sans doute?...

— Comment tu étais parvenue à forcer sa volonté... par ton silence obstiné?...

XVIII

Madame d'Infreville, revenue de la crainte dont elle avait été un moment agitée, dit à madame de Luceval :

— Florence... je t'écoute, je n'ai pas besoin de te dire avec quelle curiosité... ou plutôt avec quel intérêt.

— Eh bien donc! ma chère Valentine, ce que mon mari ne t'a pas sans doute appris, car il l'ignorait, c'est que, deux jours après ton départ, je reçus une lettre de Michel.

— Et le but de cette lettre?

— Était tout simple... Sachant par toi que, pour dérouter les soupçons de ton mari, tu voulais me demander de t'écrire, afin d'établir que nous avions eu de fréquentes entrevues, Michel, n'entendant plus parler de toi, fut très inquiet, s'informa, apprit que, depuis deux jours, tu étais partie avec ta mère, mais il lui fut impossible de découvrir le lieu de ta retraite.

— Vrai? il s'est ému de ma disparition?— dit Valentine avec un mélange de doute et d'amertume. — Une fois, enfin, il est sorti de son apathie!

— Oui, oui, méchante... il s'est ému, et pensant que, t'ayant vue la surveille, je serais peut-être mieux instruite que lui, il m'écrivit, me supplia de le recevoir, j'y consentis; rien de plus naturel que sa visite, il était notre cousin.

— Mais ton mari?

— Il n'avait aucune objection à faire, ignorant que Michel fût l'objet de la passion qui t'avait perdue.

— En effet, M. de Luceval n'a su cela... que par moi.

— Michel vint donc me voir... je lui appris ce qu'il ignorait, la cruelle scène dont j'avais été témoin. Sa douleur me toucha ; elle était profonde, et contrastait avec ce que je savais par toi de ce caractère ennemi du chagrin comme d'une fatigue de l'âme, et préférant aux regrets... l'oubli... comme moins gênant.

— Michel est-il donc changé à ce point, que ce caractère ne soit plus le sien ?

— Il est le sien, plus que jamais le sien, ma bonne Valentine... Michel est touet moi, si fidèles à notre caractère, qu'en parlant de toi, et conséquemment de toutes les algarades, de tous les soubresauts, de tous les émois que cause une *liaison criminelle,* comme disent les maris, nous nous écriions de la meilleure foi du monde :

« — Voilà pourtant, Monsieur, où ça con-
« duit, l'amour! jamais de repos... toujours
« sur le qui-vive... l'oreille au guet... l'œil
« inquiet, le cœur palpitant, rôder, user,
« épier sans cesse...

« — Et le dérangement, Madame? et les
« séances dans la rue, à l'affût d'un signal,
« par la pluie et par la neige ?

« — Et les rendez-vous manqués, après
« trois heures d'attente, Monsieur?

« — Et le tracas des duels, Madame?

« — Et les tracas de la jalousie, Mon-
« sieur? Et les courses furtives dans d'hor-
« ribles fiacres, où l'on est moulue, bri-
« sée!...

« — Ah! que de peines! que de fatigues,
« Madame, et, je vous le demande un peu,
« au résumé, *pourquoi?*

« — C'est ma foi vrai, Monsieur, *pour-
« quoi?* »

— Enfin, je t'assure, Valentine, — reprit gaîment Florence, — que si un témoin caché eût écouté nos moralités paresseuses, il eût ri comme un fou, et pourtant nous raisonnions en sages; vint le moment où M. de Luceval entreprit de me faire voyager malgré moi... cette fantaisie lui passa...

— Oui, il m'a dit ton moyen... il était singulier, mais efficace.

— Que voulais-je à cette époque? le repos, car bien que mon mari eût été très dur, très brutal envers moi, lors de la scène de ta lettre, ma pauvre Valentine, et que je l'eusse alors menacé d'une séparation, toute réflexion faite, je m'étais amendée... Reculant devant la pensée de vivre seule, c'est-à-dire d'avoir à m'occuper de mille soins dont mon mari ou mon intendant s'occupaient pour moi, je bornais donc mes prétentions à ceci : — ne jamais voyager, encourager mon mari à voyager le plus souvent possible, afin de n'être pas continuellement impatientée par ses agitations.

— Et pouvoir recevoir Michel à ta guise ?

— C'est entendu... et cela bien à mon aise, sans le moindre mystère, sans avoir à me donner la peine de rien cacher, car rien n'était à cacher dans nos relations... toujours *la vertu de la paresse*... chère Valentine. Mais ce n'est rien encore... tu sauras tout-à-l'heure

— Il était impossible, j'espère, d'employer un moyen plus doux et de meilleure compagnie. Enfin, au bout de quatre mois, j'étais légalement séparée de M. de Luceval, et il partait en voyage. Je revis Michel. Il n'avait non plus que moi aucune nouvelle de toi... Renonçant à l'espoir de te retrouver, nous revînmes à nos premiers projets d'avenir : notre détermination fut arrêtée. Je t'ai tout à l'heure, ma chère Valentine, parlé des prodiges que peut enfanter la *paresse*... ces prodiges, tu vas les connaître.

— Je t'écoute ; mon intérêt et ma curiosité redoublent.

— Voici quel fut notre point de départ,

ou, si tu veux, — ajouta Florence en souriant et faisant une petite mine solennelle, la plus drôle du monde, — voici notre DÉCLARATION DE PRINCIPES à nous deux Michel :

« Pour nous, il n'y a qu'un désir, qu'un
« bonheur au monde : la parfaite quiétude
« de corps et d'esprit, appliquée à ne rien
« faire du tout, si ce n'est à rêver, à lire, à
« s'aimer, à causer, à regarder le ciel, les
« arbres, les eaux, les prairies et les mon-
« tagnes du bon Dieu ; à se bercer à l'ombre
« en été, à se chauffer durant la froidure.
« Nous sommes trop religieusement pares-
« seux pour être glorieux, ambitieux ou cu-
« pides, pour rechercher le fardeau du luxe
« ou les fatigues du monde et de ses fêtes.
« Que nous faut-il pour vivre dans ce para-
« dis de paresseux que nous rêvons ? Une

« petite maison bien close en hiver, avec un
« jardinet bien frais en été ; d'excellents fau-
« teuils, des hamacs, des nattes pour nous y
« étendre ; de beaux points de vue à la por-
« tée de notre regard, pour ne point nous
« donner la peine d'aller les chercher ; un
« beau ciel, un climat doux et riant, une
« nourriture frugale (nous ne sommes gour-
« mands ni l'un ni l'autre) et une servante ;
« il faut surtout que cette vie soit bien ré-
« glée, bien assurée, afin que nous n'ayons
« jamais l'esprit troublé par des préoccupa-
« tions d'affaires. » Tel était l'unique objet
de nos désirs. Comment les réaliser ? C'est
là que nous avons fait des efforts de génie et
de courage... Écoute et admire, ma bonne
Valentine.

— Je t'écoute, Florence, et je suis bien près d'admirer... car il me semble que je devine un peu...

— Ne devine rien, laisse-moi le plaisir de te surprendre. Je poursuis: la nourrice de Michel est provençale et native d'Hyères, elle nous parla de la beauté de son pays, où l'on vivait, disait-elle, presque pour rien, affirmant que l'on pouvait y acheter pour dix à douze mille francs, au plus, une maisonnette comme nous la désirions, sur le bord de la mer, avec un joli jardin planté d'orangers. Justement un des amis de Michel était établi à Hyères pour sa santé; il fut chargé de prendre des renseignements; ils confirmèrent ceux de la nourrice de Michel; il se trouvait même alors, à deux lieues d'Hyères, une petite maison du prix de onze mille francs, admirablement située, mais elle était louée pour trois années encore, l'on ne pouvait en jouir qu'à l'expiration du bail; pleins de confiance dans le goût de l'ami de Michel, nous le priâmes d'acheter la maison; mais là était la grande difficulté : le nœud de notre situation... Pour l'acquisition de la maisonnette, et pour l'achat d'une rente de deux mille francs suffisant à nos besoins, il nous fallait soixante mille francs environ, afin d'avoir au moins, outre cela, deux ou trois mille francs d'avance... Or, ma bonne Valentine... le tout était de trouver les bienheureux soixante mille francs... une grosse somme, comme tu le vois.

— Et comment avez-vous fait ?

— Il me restait, à moi, près de six mille francs en or que j'avais, lors de mon mariage, demandés sur ma dot. Un ami de Michel se chargea de liquider ses déplorables affaires ; il en retira une quinzaine de mille francs. Ces sommes furent placées. Nous résolûmes d'y toucher le moins possible, jusqu'à ce que nous fussions en mesure de gagner les quarante mille francs dont nous avions besoin pour arriver à notre paradis.

— Gagner ! Comment pouviez-vous espérer gagner une si forte somme ?

— Eh ! mon Dieu ! en travaillant, ma

chère, — dit Florence d'un air conquérant,
— en travaillant comme des lions.

— Toi ! travailler, Florence ? — s'écria Valentine en joignant les mains avec surprise,
— toi travailler ? et Michel aussi ?

— Et Michel aussi ! Ma bonne Valentine, oui, nous avons travaillé presque nuit et jour, en acceptant les plus drôles de métiers du monde, et cela pendant plusieurs années.

— Toi... et Michel... capables d'une pareille résolution ?

— Comment ! cela t'étonne ?

— Si cela m'étonne, grand Dieu!

— Voyons, Valentine, souviens-toi donc combien nous étions paresseux, moi et Michel.

— Et c'est cela même qui me confond, cette paresse!

— Mais au contraire.

— Au contraire?

— Certainement. Songe donc quel excitant, quel aiguillon c'est que la Paresse!!

— La Paresse, la Paresse?

— Tu ne comprends pas quel courage, quel élan, quelle ardeur, cela vous donne, de se dire à la fin de chaque jour quelque harassé que l'on soit, quelque privation que l'on ait endurée, — « encore un pas de fait « vers la liberté, l'indépendance, le repos et « la volupté de ne rien faire!... » Oui, Valentine, oui... Et la fatigue même, que l'on ressent alors, vous fait songer, avec plus de délices encore, au bonheur ineffable dont on jouira plus tard; eh! mon Dieu, tiens... c'est en petit, et appliqué à la vie réelle, le procédé des joies éternelles achetées par les douleurs d'ici-bas; seulement, entre nous, j'aime mieux tenir mon petit *paradis* sur terre... que d'attendre... l'autre...

Madame d'Infreville fut tellement stupéfaite de ce qu'elle apprenait; elle regardait son amie avec un tel ébahissement, que Florence, voulant lui donner le temps de se remettre d'une si profonde surprise, garda un moment le silence.

XIX

XIX

Madame d'Infreville, sortant enfin de sa stupeur, dit à madame de Luceval :

— En vérité, Florence, je ne sais si je rêve où si je veille! encore une fois, toi... toi! si indolente... si habituée au bien-être... un tel courage, une telle opiniâtreté dans le travail?

— Allons, il faut que je t'étonne davantage encore. Sais-tu, Valentine, quelle a été ma vie pendant quatre ans, et notamment il y a trois mois, lorsque, mon mari et toi, vous êtes venus vous informer de Michel et de moi, rue de Vaugirard?

— L'on nous a dit que chaque jour vous sortiez tous deux le matin, avant le jour, et ne rentriez que bien avant dans la nuit?

— Mon Dieu! mon Dieu! — dit Florence, en riant comme une folle, — maintenant que ces souvenirs me reviennent et que je vois tout cela... de loin... combien c'est amusant ! Tiens, voici le récit de l'une des dernières journées qui ont clos mon *purgatoire*. Elle te donnera une idée des autres. A trois heures du matin, je me suis levée ; j'ai terminé la copie d'une partition et la coloration d'une grande lithographie... Tu ne t'étonneras pas, du moins, de mes talents... Tu sais qu'au couvent, ce dont je me tirais le moins mal... c'était de la copie de musique et de la mise en couleur des gravures de sainteté !

— Il est vrai, et cela t'a été de quelque ressource ?

— Je le crois bien ; j'ai parfois gagné, rien

qu'à ces ouvrages, jusqu'à 4 et 5 francs par jour... ou plutôt par nuit, sans compter mes autres états.

— Tes autres états;... mais lesquels?

— Je poursuis le récit de ma journée... A quatre heures je suis sortie et me suis rendue à la HALLE...

— Ah! mon Dieu... à la halle; toi! et qu'y faire?

— J'y tenais jusqu'à huit heures du matin, le bureau d'une factrice, trop grande dame pour se lever si tôt... Du reste, rien de plus pastoral; un entrepôt de crème, d'œufs et de beurre... J'avais, en outre, un petit intérêt dans la *factorerie*... et, bon an, mal an, je retirais de cela deux mille et quelques cents francs.

— Toi... Florence... toi, marquise de Luceval, un pareil métier?

— Et Michel, donc?

— Lui? et quel métier faisait-il?

— Il en faisait plusieurs... d'abord celui d'*inspecteur des arrivages* à la halle, ma chère, rien que cela! Quinze cents francs, une haute considération de la part de MM. les charre-

et de MM. les maraîchers. Par là-dessus, libre à neuf heures du matin, c'est alors qu'il se rendait à son bureau et moi à mon magasin.

— Comment, à ton magasin?

— Certainement, rue de l'Arbre-Sec, A LA CORBEILLE D'OR ; j'étais première demoiselle, chez une grande lingère, une maison de la vieille roche, et comme, sans me vanter, je chiffonne avec assez de goût, je n'avais pas ma pareille pour la confection des *canezous*, des *baigneuses*, des *mantilles*, des *cols*, des *visites*, et pour l'élégance des garnitures, mais je me faisais payer très cher, quinze cents francs (il faut profiter de sa vogue);

oui, quinze cents francs par an et nourrie, s'il vous plaît! c'était à prendre ou à laisser... Il était aussi formellement entendu que je ne paraîtrais jamais à la vente; j'aurais craint d'être reconnue par quelque pratique, et cela m'eût gênée en sortant du magasin...

— Ta journée n'était donc pas finie?

— A huit heures, y penses-tu? car j'avais encore mis pour clause que je serais libre à huit heures, afin de pouvoir utiliser mon temps... Pendant un an je travaillai chez moi à la tapisserie, à la copie de musique et à mes aquarelles; mais, plus tard, la femme d'un ami de Michel m'a trouvé quelque chose de miraculeux, une bonne vieille dame aveugle, du meilleur monde... mais très misanthrope; aussi, ne pouvant sortir de chez elle, et n'aimant pas à recevoir, elle préférait passer ses soirées à entendre des lectures ; pendant trois ans, j'ai été sa lectrice au prix de 800 francs par année. J'arrivais chez elle à neuf heures ; tour à tour je lisais, nous causions, puis nous prenions le thé. Cette dame demeurait rue de Tournon, de sorte que Michel, après minuit, venait me chercher en revenant de son théâtre.

— De son théâtre ?

— Oui, de l'Odéon.

— Ah! mon Dieu! — s'écria Valentine, — il était acteur?

— Que tu es folle! — dit Florence en riant aux éclats. — Pas du tout; il était *contrôleur* à l'Odéon. Je te dis que nous avons fait tous les métiers... Michel remplissait ces fonctions au théâtre, après avoir quitté son bureau où il gagnait ses deux mille quatre cents francs par an...

— Michel? si indolent!... incapable autrefois de s'occuper seulement de ses affaires?

— Et, remarque bien qu'en rentrant il

mettait encore au net des livres de commerce, ce qui augmentait d'autant nos revenus... Ainsi donc, ma bonne Valentine, tu concevras qu'en vivant avec la plus sévère économie, en nous passant de feu en hiver, en nous servant nous-mêmes, et en employant même nos dimanches à travailler, nous ayons en quatre ans amassé la bienheureuse somme qu'il nous fallait... Eh bien! quand je te parlais des prodiges enfantés par la PARESSE, avais-je tort?

— Je n'en reviens pas... c'est à n'y pas croire.

— Eh! mon Dieu! Valentine, comme le disait Michel : « Il y a un vif amour de la paresse au fond de bien des existences très laborieuses. Pourquoi tant de gens, qui ne sont ni ambitieux ni cupides, travaillent-ils souvent avec une infatigable ardeur? Afin de pouvoir se *reposer* le plus tôt possible. Or, qu'est-ce que le *repos*, sinon la PARESSE ? Aussi, — ajoutait Michel, — on ne sait pas de quels travaux énormes est capable un paresseux, bien déterminé à pouvoir *paresser* un jour. »

— Tu as raison... Je conçois maintenant que l'amour de la paresse puisse donner momentanément une ardeur extrême pour le travail ; mais, dis-moi, Florence, pourquoi votre logement si voisin et pourtant séparé?

— Oh! quant à cela, vói-tu? Valentine,

ça a été, de notre part, le comble de la raison... une résolution d'une sagesse... sublime... héroïque, — dit Florence avec un accent de triomphe, plein de gentillesse et de gaîté ; — nous nous sommes dit : « Quel
« est notre but? Amasser le plus vite possi-
« ble l'argent qu'il nous faut pour *paresser*
« un jour ; en ce sens, le temps c'est l'ar-
« gent, donc moins nous perdrons de temps,
plus nous gagnerons d'argent ; or, pour nous,
le meilleur moyen de perdre beaucoup de
« temps, c'est d'être ensemble, et, par suite,
« de nous livrer ainsi aux délices de jaser de
« songes creux, de rêver à deux ; nous trou-
« verions cela si charmant, que la pente serait
« irrésistible... Alors, adieu le travail, c'est-à-
« dire les moyens de pouvoir un jour paresser
« à tout jamais ; car, pour paresser, encore

« faut-il vivre à son aise. Ce n'est pas tout,
« disions-nous encore : Nous avons, il est
« vrai, une sainte horreur des amours qui
« donnent de la peine et du souci, c'est très
« moral ; mais, à cette heure que nous som-
« mes libres, à cette heure que rien ne nous
« serait moins gênant que notre amour, eh !
« eh ! qui sait ? le diable est bien fin, et
« alors... que deviendrait le travail ? Que de
« temps ! c'est-à-dire que d'argent perdu !
« car, comment trouver le double courage
« de s'arracher à la paresse et à l'amour ?
« Non ! non ! soyons inexorables envers
« nous-mêmes, ne compromettons pas l'a-
« venir, et jurons-nous, au nom du salut de
« notre divine paresse, de ne pas nous dire
« un mot... un seul mot, tant que notre
« petite fortune ne sera pas faite. »

— Comment! pendant ces quatre années?

— Nous avons tenu notre serment.

— Pas un mot?

— Pas un mot, à partir du jour où nous avons commencé à travailler...

— Florence, tu exagères. Une telle retenue, c'est impossible.

— Je t'ai promis la vérité, je te la dis!

— Mais enfin pas un mot, cela me semble une précaution exagérée...

— Exagérée! Eh mon Dieu! tout dépendait d'un mot... d'un seul mot, et ce premier mot là dit, comment répondre du reste?

— Ainsi, pendant ces quatre années?

— Pas un mot... mais, pour les choses graves, les mesures à prendre, concernant nos intérêts, nous nous écrivions... voilà tout... Il faut te dire aussi que nous avions imaginé un moyen de correspondre à travers la cloison qui séparait nos chambres, c'était juste tout autant qu'il nous en fallait, et pour nous dire : — *bonsoir, Michel,* — *bonsoir, Florence,* — et le matin : — *bonjour, Michel,* — *bonjour Florence...* — ou bien encore : — *Il est l'heure de partir ;* — et, de temps à autre : — *courage, Michel, — courage, Florence, songeons à notre* Paradis, *et gai le* Purgatoire ! — Vois combien nous avons été prévoyants d'adopter cette méthode ! Croirais-tu que Michel trouvait encore quelquefois le moyen de tant bavarder,... à coups de manche de couteau frappés sur notre cloison, que j'étais obligée d'imposer silence à cet emporté... Juge donc, si nous avions eu le malheur de nous parler !...

— Et cette étrange correspondance vous suffisait?

— Parfaitement... n'avions-nous pas une vie commune, malgré cette muraille qui nous séparait? Notre esprit, nos moindres

pensées ne tendaient-elles pas au même but?
et poursuivre ce but, c'était songer toujours
l'un à l'autre. Puis enfin, matin et soir, nous
nous apercevions, nous n'étions pas amants,
cela nous suffisait... si nous l'eussions été,...
brrr... la paille ne vole pas plus vite à l'aimant que nous n'eussions volé l'un vers l'autre, au premier regard... Enfin, il y a quinze
jours, notre but a été atteint; nous avions
en quatre ans gagné quarante et deux mille
et tant de cents francs ! J'espère que c'était
vaillant! Nous aurions pu, comme disent les
commerçants, *nous retirer* quelques mois plus
tôt; mais nous nous sommes dit ou plutôt
écrit : « C'est bien de ne vouloir que le né-
« cessaire ; mais il faut du moins que le pau-
« vre passant qui aura faim et qui frappera
« à notre porte, trouve aussi chez nous son

« nécessaire... Rien ne donne plus de quié-
« tude à l'âme et au corps que la conscience
« d'avoir toujours été bon et humain... Cela
« repose. » — Aussi, une fois en train, nous avons un peu prolongé notre *purgatoire.* Eh bien ! maintenant, Valentine, avoue qu'il n'est rien de tel que la PARESSE bien dirigée pour donner aux gens *activité, courage...* et *vertu...*

. . . .

. . . .

— Adieu, Florence, — dit madame d'In-freville d'une voix étouffée, en fondant en larmes, et se jetant dans les bras de son amie, — adieu... et pour toujours adieu...

— Valentine... que dis-tu ?

— Un vague et dernier espoir m'avait conduite ici... espérance insensée, comme toutes celles de l'amour opiniâtre et déçu... adieu ! encore adieu ! Sois heureuse avec Michel ; Dieu vous avait créés l'un pour l'autre... votre bonheur, vous l'avez vaillamment gagné... mérité...

Soudain l'on entendit sonner bruyamment à la petite porte du jardin.

— Madame... Madame !!! — dit la vieille

nourrice, en accourant aussitôt, tenant à la main une lettre sans cachet, qu'elle remit à Valentine. — Voici ce que le monsieur qui était resté dans la voiture m'a dit de vous remettre... tout de suite... il venait du côté de la haie, — ajouta la vieille servante, en indiquant du geste la direction de la clôture végétale, masquée de ce côté par un épais massif d'arbustes.

Valentine, pendant que Florence la regardait avec une surprise croissante, ouvrit la lettre qui contenait un billet, et lut ce qui suit, écrit au crayon :

« *Remettez de grâce, ce mot à Florence, et*

« *venez me rejoindre... il faut partir... il n'y a*
« *plus d'espoir...* »

Madame d'Infreville fit un mouvement pour sortir...

— Valentine, où vas-tu? — dit vivement Florence à son amie en la prenant par la main.

— Attends-moi un instant, — reprit madame d'Infreville en serrant presque convulsivement les mains de son amie entre les siennes ; — attends-moi... et lis cela...

Puis remettant le billet à Florence, elle s'éloigna d'un pas précipité pendant que la jeune femme, de plus en plus étonnée en reconnaissant l'écriture de son mari, lisait ces lignes aussi écrites au crayon :

« Au moment où madame d'Infreville en-
« trait chez vous... je franchissais la haie
« de votre jardin ;... caché dans un massif...
« j'ai tout entendu... Un vague et dernier
« espoir m'amenait ici... et, s'il faut tout
« vous dire... cet espoir déçu... je voulais
« me venger... Je renonce à l'espérance
« comme à la vengeance... soyez heureuse...
« Florence... je ne puis désormais ressentir
« pour vous qu'estime et respect.

« Mon seul regret est de ne pouvoir vous
« rendre une liberté absolue... la loi s'y
« oppose... il faut donc vous résigner à
« porter mon nom.

« Encore adieu, Florence... vous ne me
« reverrez jamais, vous n'entendrez plus
« parler de moi... mais, de ce jour... con-
« servez mon souvenir comme celui de votre
« meilleur, de votre plus sincère ami.

« A. DE LUCEVAL. »

Madame de Luceval fut attendrie à la lecture de cette lettre... qu'elle terminait à peine, lorsqu'elle entendit le roulement d'une voiture qui s'éloignait de plus en plus.

Florence comprit que Valentine ne reviendrait pas...

Lorsqu'à la tombée du jour, Michel revint trouver madame de Luceval, celle-ci lui remit la lettre de son mari.

Michel fut, comme Florence, ému de cette lettre, puis il dit en souriant :

— Heureusement, Valentine est libre.

XX

XX

Environ deux ans après ces évènements, on lisait dans les journaux du temps les nouvelles suivantes :

ÉTRANGER.

« On écrit de *Symarkellil* : Parmi les rares

« voyageurs qui ont osé jusqu'à présent
« gravir les cimes les plus élevées du Cau-
« case, on cite une ascension faite, au mois
« de mai dernier, par deux intrépides tou-
« ristes français, M. et madame ***. Celle-ci,
« svelte et brune, d'une beauté remarqua-
« ble, était vêtue en homme, et a partagé
« tous les dangers de cette aventureuse ex-
« pédition ; les guides ne pouvaient assez
« admirer son courage, son sang-froid et sa
« gaîté : l'on prétend que les deux infatiga-
« bles touristes se sont ensuite dirigés vers
« Saint-Pétersbourg, à travers les steppes,
« afin d'arriver à temps, pour faire partie
« de l'expédition nautique du capitaine Mo-
« radoff, chargé d'entreprendre un voyage
« d'exploration au pôle nord. Les pressantes
« recommandations dont sont favorisés

« M. et madame *** auprès de la cour de
« Russie leur font espérer qu'ils obtiendront
« la faveur qu'ils sollicitent, et qu'ils pour-
« ront prendre part à cette périlleuse expé-
« dition dans ces régions boréales. »

FRANCE.

On écrit d'*Hyères*, à la date du 29 décembre :

« Un phénomène de végétation extraor-
« dinaire s'est dernièrement présenté dans
« nos contrées. L'on nous avait parlé d'un
« oranger en pleine floraison, à cette épo-
« que de l'année. Comme nous paraissions
« douter de ce prodige, l'on nous a proposé

« de nous convaincre, et nous nous som-
« mes rendus, à deux lieues d'ici, dans une
« petite maison située au bord de la mer ;
« là, au milieu d'un quinconce d'orangers,
« nous avons vu, *de nos yeux vu, ce qui s'ap-*
« *pelle vu,* un de ces arbres magnifiques lit-
« téralement couvert de boutons et de fleurs
« qui parfumaient l'air à cent pas à la ron-
« de. Nous avons été bien payé de la peine
« de notre excursion par la vue de cette
« merveille et par l'accueil plein de bonne
« grâce qu'ont bien voulu nous faire les
« maîtres de la maison, M. *et madame Mi-*
« *chel.* »

FIN.

Ouvrages d'Alexandre Dumas.

EN VENTE.

LE COLLIER DE LA REINE,
6 volumes in-8.

LA RÉGENCE,
2 volumes in-8.

Cet Ouvrage n'a pas paru dans les Journaux.

LE VÉLOCE,
2 volumes in-8.

Cet ouvrage n'a pas paru dans les Journaux.

SOUS PRESSE :

LOUIS QUINZE,
Cet Ouvrage ne paraîtra pas dans les Journaux.

LES MILLE ET UN FANTOMES,
2 volumes in-8.

ALEXANDRE CADOT, ÉDITEUR.

Publications récentes.

LE MARI CONFIDENT,
Par Mme SOPHIE GAY.
2 volumes in-8.

Cet Ouvrage n'a pas paru dans les Journaux.

LES AMOURS D'UN FOU,
Par XAVIER DE MONTÉPIN.
4 volumes in-8.

LORD ALGERNON,
Par le Marquis DE FOUDRAS.
4 volumes in-8.

PIVOINE,
Par XAVIER DE MONTÉPIN.
2 volumes in-8.

UN AMI DIABOLIQUE,
Par A. DE GONDRECOURT.
3 volumes in-8.

LES VIVEURS D'AUTREFOIS,
Par le Marquis de FOUDRAS et X. de MONTÉPIN.
4 volumes in-8.

LE DOCTEUR SERVANS,
Par ALEXANDRE DUMAS Fils.
2 volumes in-8.

LE ROMAN D'UNE FEMME,
Par le Même. — 4 volumes in-8.

Les Chevaliers du Lansquenet,

Par le Marquis de FOUDRAS et X. de MONTÉPIN.

10 volumes in-8.

LES GENTILSHOMMES CHASSEURS,

Par le Marquis DE FOUDRAS.

2 volumes in-8.

LES SEPT PÉCHÉS CAPITAUX,

LA LUXURE et LA PARESSE,

Par EUGÈNE SUE.

4 volumes in-8.

Impr. de E. Dépée, à Sceaux (Seine).

En vente :

LE MARI CONFIDENT,
Par Mme SOPHIE GAY.
2 volumes in-8.
Cet Ouvrage n'a pas paru dans les Journaux.

LES AMOURS D'UN FOU,
Par XAVIER DE MONTÉPIN.
4 volumes in-8.

LORD ALGERNON,
Par le Marquis DE FOUDRAS.
4 volumes in-8.

PIVOINE.
Par XAVIER DE MONTÉPIN.
2 volumes in-8.

UN AMI DIABOLIQUE,
Par A. DE GONDRECOURT.
3 volumes in-8.

LES VIVEURS D'AUTREFOIS,
Par le Marquis de FOUDRAS et X. de MONTÉPIN.
4 volumes in-8.

LE DOCTEUR SERVANS,
Par ALEXANDRE DUMAS Fils.
2 volumes in-8.

LE ROMAN D'UNE FEMME,
Par le Même. — 4 volumes in-8.

Les Chevaliers du Lansquenet,
Par le Marquis de FOUDRAS et X. de MONTÉPIN.
10 volumes in-8.

LES GENTILSHOMMES CHASSEURS,
Par le Marquis DE FOUDRAS.
2 volumes in-8.

CONFESSION D'UN BOHÊME,
Par XAVIER DE MONTÉPIN.
3 volumes in-8.
Cet Ouvrage n'a pas paru dans les Journaux.

Impr. de E. Dépée, à Sceaux (Seine).

www.ingramcontent.com/pod-product-compliance
Lightning Source LLC
Chambersburg PA
CBHW070757170426
43200CB00007B/811